U0137966

芳村普洱茶交易实录

崛起、崩盘与重建

I

杨春·马林/著

中国林业出版社

图书在版编目（CIP）数据

芳村普洱茶交易实录：崛起、崩盘与重建．Ⅰ/杨春，马林著．-- 北京：中国林业出版社，2023.10

ISBN 978-7-5219-2273-8

Ⅰ．①芳… Ⅱ．①杨…②马… Ⅲ．①普洱茶－产业发展－研究－云南 Ⅳ．① F326.12

中国国家版本馆 CIP 数据核字（2023）第 136901 号

芳村大道中｜洞企石路｜观光路｜葵蓬｜安定首约｜山村路｜穗盐东路

中国林业出版社
封面设计：吴晋雄
书籍设计：吴晋雄
责任编辑：李 顺　陈 慧　马吉萍
出版咨询：（010）83143569

出版发行：中国林业出版社
（100009，北京西城区刘海胡同 7 号，电话 83223120）
电子邮箱：cfphzbs@163.com
网址：www.forestry.gov.cn/lycb.html
印刷：北京博海升彩色印刷有限公司
版次：2023 年 10 月第 1 版
印次：2023 年 10 月第 1 次
开本：710mm×1000mm　1/16
印张：13.5
字数：250 千字
定价：88.00 元

记录，也是一种力量。

芳村普洱茶交易實錄

序一
现实之上，梦想之间
——行走在芳村茶叶市场里的田野调查

2022 年 3 月，我在芳村采访时，有朋友请客，就在附近的东海湾酒家，连我共九个人。让我意外的是，大家都能心平气和地喝茅台镇酒了，他们觉得能敞开喝茅台镇酒也不错了，何况还是陈年酒。芳村人的心态比我想象的要好很多。尽管当时普洱茶交易市场的行情无法言说乐观，但并不影响大家坐在一起喝杯酒，顺便聊聊市场，聊聊过往的岁月与未来的可能。

生意好时可以喝茅台酒，生意不好时可以喝茅台镇酒。酒是生活的润滑剂，不管行情涨跌、生活起伏，我们还是可以来一杯的。席间，确实有无奈的感叹，但也让我感受到他们的务实与平常心。酱香酒在民间，在资本领域也热了很长一段时间了，并在 2021 年下半年开始降温。我们翻看不算远的历史，在酱香酒之前，是浓香酒的天下；在浓香酒之前，是清香酒的天下。市场竞争一直都在，在社会生活、生产的各个领域，此消彼长，各领风骚。

潮汐的力量，决定了浪花的形状。2022 年 3 月、4 月，我们切身感受到了潮汐的力量，诸多行业的日子过得很艰难，普洱茶行业及其交易市场自然也无法独善其身；行业无法凌驾于经济周期之上，作为个体，更无法回避潮汐的涨落所带来的影响，所以，当我们看到某朵不那么漂亮的浪花时，没必要嘲讽，相反，值得我们反思、总结经验。这也是为将来前行得更稳。

即便是潮涨，也不是每一朵浪花都漂亮。在绝大多数行业，市场竞争的激烈与残酷超过很多人的想象，而普洱茶行业可以作为一个缩影，并成为典型代表。在几乎零门槛的条件下，部分人与资本进入这个行业，大家挤在一个体量并不算太大的市场里，竭尽全力争夺消费者，成功者甚少，突围者亦少，平凡者众多，出局者亦多。

对于在商业竞争中的市场主体来说，既要抓住潮涨时的机会，也要降低潮落时的风险、损失，以此不被市场淘汰。活下去是唯一的选择。尽管如此，这也只是一个美好的愿望，不一定就敢保证这个愿望能实现。只要参与到市场，就需无时无刻敬畏风险，敬畏行业发展周期，敬畏未知的未来。这是所有市场参与者的必修课。

没有花能常开不败，没有谁能永远当红。每一个行业、市场都有自己的际遇与风景，每一个品牌、参与者都有自己的旅途、心迹。何况，这所有的行业从业者，他们所有的愿景都是建立在社会一切正常发展的前提下，而意外总是不期而至。2022 年，"灰犀牛""黑天鹅"一只接一只到来，愿景变得如梦如幻。作为普洱茶行业中重要的一环——普洱茶交易市场也不得不面对行业自身与行业之外所有因素带来的冲击；传递到身上，是寒意，是无奈，是痛苦。

尤其是，当这种寒意与 2020 年上半年行情火爆时相比，其落差之大更让人感慨万千；好与不好，我们都得面对，都要接受挑战。而我所做的工作，便是将其记录，并在此基础上进行创作，且我自己刚好见证了芳村普洱茶交易市场从上涨到下跌、从火爆到冷清的这个周期，即 2019 年 9 月我第一次到访芳村，一直到 2022 年 3 月，接近四年的时间，我以一个旁观者或者说观察者的身份见证了市场行情的起落、参与者的心路变化，这是有意义的。20 世纪 30 年代，费孝通先生在江苏省吴江县开弦弓村进行田野调查，从财产与继承、亲属关系、职业分化、劳作日程、农业、土地的占有、蚕丝业、养羊与贩卖、贸易、资金使用等方面进行了较为详尽而有条理的介绍，终成《江村经济》一书，为后人提供了一份极具开创性且宝贵的田野调查的范本。

对于《江村经济》之经典，虽不能至，心向往之，故斗胆以自己的方式致敬经典。《芳村普洱茶交易实录：崛起、崩盘与重建》一书，选择芳村普洱茶交易市场作为田野调查的对象，所有的采访、引文均围绕普洱茶交易这个话题展开，所有的人物、事件与行情变化均为普洱茶交易主题服务。当然，地理概念上的范围不局限于芳村，而是扩散式，补充芳村之外的声音、评价，跳出芳村看芳村的普洱茶交易市场，以期相对客观、理性。

倾听不同的声音，包括芳村之外以及芳村之内不同层次、不同年龄段、不同地域的声音，是为系统表述。芳村普洱茶交易市场，一个对行业有着重大贡献的市场，必定是有传承的、成体系的，也是成熟的；只有尊重个体，哪怕是小人物，才能凝聚这个市场的群体。作为芳村普洱茶交易市场的参与者，包括做出重大贡献、有较大影响力的人，也包括只是在市场里寻求一口饭吃的人，他们不应该只是一个模糊的群体，更不应该只是一个统计数字、一个个简单的符号；他们作为鲜活的群体，每个人都有自己的梦想与奋斗历程，有普通之处，也有闪光之处，还有特殊而重要之处。在他们身上，能感受到作为个体的特别与灵动，也能感受到行业与市场变化所凸显出的规律与印记——市场与行业所有的沉浮，都是通过人体现出来的。市场的奇迹也是人的奇迹，所以本书的创作，人是绝对的主角，通过受访者陈述某个观点、某个事件在本书中较为普遍。

从田野调查的角度，从本书创作的初衷来说，不应该自我设限，而应以平等之心对待每一位受访者。至于受访者能讲述（回忆）多少内容，应是缘分；且从这个角度来说，我应该感谢每一位接受采访的受访者，他们不计风险、不计时间成本，畅所欲言；在他们自己的能力范围之内帮助我完成采访，为本书的创作提供了必要而宝贵的素材，才有《芳村普洱茶交易实录：崛起、崩盘与重建》一书的问世。

现实之上、梦想之间，行走在芳村茶叶市场，忠于一线田野调查，忠于一手采访素材，忠于自己那颗对芳村普洱茶交易市场探寻的心，是为记录，是为历史。

芳村普洱茶交易市场并不完美。她有瑕疵、不足，甚至是被人诟病之处，但她也有值得肯定的地方。何况，市场机制一直在调整，如果将来某些缺陷被规范、完善并被市场执行，相信会极大地促进普洱茶交易市场的发展。这是值得期待的。我在芳村茶叶市场进行田野调查的基础上创作的这本书也不完美，尝试以自己的方式展现普洱茶交易领域的各个角度，应该还会有所缺漏与遗憾，但不失为外界了解芳村普洱茶交易市场的一扇窗。"横看成峰侧成岭，远近高低各不同"，每个人心中都有一个自己认知的芳村普洱茶交易市场，《芳村普洱茶交易实录：崛起、崩盘与重建》符不符合你的想象呢？

杨 春

2022 年 4 月 20 日

序二
流通路上，有风雨，
也有风景

作为"千年商都"，广州自古就有大商贸、大流通的商业传承与商业价值。这是广州的历史传统、区位优势、消费基础等因素所决定的；经改革开放之后的四十多年发展，广州的枢纽功能强大、消费市场成熟，且流通体系高效、商业贸易活跃，极大地提高了社会生产力、提升了人民群众的生活水平，所以才会入围首批国际消费中心城市。

而这，仅仅只是广州新时期发展的开始。基于核心枢纽、发展"双循环"超级大城、面对粤港澳大湾区消费市场等优势，我们有理由相信，未来的广州会更美好，但不是坐等，需要我们勇于创新、付出汗水，更需要我们在各自的领域坚持，尤其是在今天全球形势多变的背景下，要敬畏世界的变、敬畏市场经济规律，要保持清醒，要具备化危为机的能力。

在健康理念不断深入下，作为粤港澳大湾区消费与交易的大宗商品，具备厚实品饮基础的普洱茶拥有广阔的发展前景；在消费、收藏与投资同步构筑的流通市场上，大益等一线品牌具备较高的知名度与流通性。由于消费基数较大、消费频次较高，一线品牌普洱茶产品体系齐全、品质稳定以及商品社会发展的洗礼，带来了消费观念、投资观念的改变，因此一线品牌普洱茶同时具有快消品属性、收藏与投资属性。尽管在大环境的波动与影响下，消费、收藏与投资在交易市场中的比重会在普洱茶行业发展的不同阶段而发生变化，但不管如何，各个环节始终有传承、基础，就有流通，就为普洱茶交易市场提供了必要的支撑，且为未来的发展前景提供了较大的想象空间。

我们所要做的，是努力适应社会发展的新变化，在市场的消费习惯与消费趋势中找到机遇，并尽可能满足市场对行业提出的新要求；清醒地认识到，在市场经济下，在消费多元化、注重体验感的今天，普洱茶行业及交易市场的调整是常态，没有一劳永逸的商业模式，市场的竞争永远都是残酷的，没有一直上涨的产品，也没有一直下跌的产品。这一点，对于当下的很多行业来说也是公平的，就像2022年4月时在郑州做白酒流通的朋友说："今年就没有不降价的酒。"

　　更何况，普洱茶行业是一门时间与品质兼具的生意，需要我们付出耐心，同时又要与大环境的改变与消费的多变达成某种均衡。这是对普洱茶从业者，尤其是面向消费终端及其基础上收藏、投资渠道的从业者的考验。即使如此，我们也要有信心，普洱茶不仅是时间的艺术之品，更是有益身心健康的饮品。只要人们关注健康，普洱茶就能维系发展，就有未来；只要市场经济继续向前，由消费、收藏与投资构筑的市场就有存在的价值。

　　面对变化，适时调整、坚韧不拔是活下去的法则；依据消费趋势、投资价值布局未来，是前行的希望——变化，才是这个世界唯一不变的东西，也是本质。

　　在坚持的光阴里，在调整的间隙中，是我们赖以生存的事业，也是值得珍惜、记忆的生活，更是每个个体的财富。因青春、汗水，因缘分、情感，往事值得记忆。记忆可以是在自己的脑海里浮现，可以在与朋友的交谈中呈现，可以以一本书的方式展现。这就是《芳村普洱茶交易实录：崛起、崩盘与重建》一书出版的初衷。

马　林

2022 年 5 月 31 日

凡 例

1. 本书中广东大观茶业有限公司简称"大观"，广东东和茶叶有限责任公司简称"东和"，广州双盈茶行简称"双盈"，广东栩圣茶叶有限公司简称"栩圣"，以此类推。

2. 关于量词，货币"元"与"块"，普洱茶的计量单位，表示7饼的"提"与"桶"、表示1饼的"饼"与"片"，因为一地有一地的叫法，且语境不同时，选择更接近语境的量词会更符合所表达的意思；普洱茶的重量单位，在很多采访中，大家是习惯说"公斤"，但按照规范，全部统一为"千克"。

3. 关于普洱茶的产品名称，分为汉字茶（如群峰之上、春秋大义、蜜韵）和数字茶（如7542、7572、8582），又因生产日期（主要是年份）不同会带来产品名称的细化，主要体现为批次，为方便阅读、准确表述，所以汉字茶名称为批次+产品名称，如2001群峰之上（不含"批次"二字）；数字茶名称为批次+产品名称，如2101批次7542（含"批次"二字），以此类推。

4. 因本书涉及人物较多、交叉采访，有的单篇篇幅较长，为方便阅读、理顺人物关系，会在内容中将人物的第一次出场做一个极简的介绍。

5. 本书涉及的茶博园、古桥茶街、广易均泰、天易、广物、观光路、启秀茶城、珀雅水岸、葵蓬、铭城茶都、中心馆等地名（市场），均在芳村茶叶市场内。

6. 本书内容主要涉及2006年、2007年、2019年、2020年、2021年与2022年，又以2020年、2021年为核心；本书所涉及的普洱茶交易市场行情截止时间为2022年3月。

目 录

人物介绍

（按对本书内容的贡献大小或篇幅比例排名）

老　马：广东茂名人，广东大观茶业创始人

陈泽丰：广东潮汕人，芳村天鹰茶行创始人

杨　盈：商业饮食服务业发展中心茶馆行业办公室广东秘书处秘书
　　　　长，芳村双盈茶行创始人

连　生：广东潮汕人，芳村德心茶行创始人

裴子超：湖北人，芳村陈茶汇总经理

王　蓝：福建人，芳村茗六福茶行创始人

杨益一：浙江人，芳村易杨堂茶行创始人

彭晓峰：1987 年出生，广东潮汕人，芳村顺丰茶行创始人

陈国昌：芳村山村人，南方茶叶商会创会会长

卢耀深：芳村山村人，南方茶叶商会创会副会长

陈　老：原广州警务系统人士，已退休多年，普洱茶爱好者

邓先生：广州人，大益茶投资者

IVY 梁：大益茶投资者

吴小姐：1981 年出生，广东茂名人，大益茶投资者

吉　皓：云南人，说茶网创始人

F 先生：芳村资深茶人

凌桂萍："90 后"，广东梅州人，乾泓茶业创始人

程　静：湖南湘潭人，普洱茶爱好者

陈军日：广东东和茶叶创始人

张活升：1992 年出生，广东阳春人，人称"阿升"，大观前员工

俞培景："80 后"，芳村宁酽茶行创始人

陈　强：广东佛山人，净心茶舍创始人

殷　生：江西人，番禺蓝泉斋茶行创始人

曾远全：湖南邵阳人，芳村迎春茶行创始人

刘明华：云南霸茶茶业有限公司总经理

季明景：云南文山人，云南龙然茶业创始人

D 先生：云南人，西双版纳茶叶近四十年发展的见证人

刘治皓：云南拉佤布傣茶业昆明经销商

李　峻：昆明晓德书店创始人

李乐骏：云南弘益大学堂校长

李兴泽：云南临沧人，云南勐库云章茶业创始人

张　凯：云南临沧人，云南拉佤布傣茶业品牌总监

王志颖：福建安溪人，芳村博瀚茶业创始人

徐　燕：湖北人，大观茶业财务总监

朱梦南：云南易江号创始人

王梓尧："90后"，广东潮汕人，恒尚茶业创始人

陈剑洪：芳村普洱茶投资人

邓　国：广东广宁人，勐海佰年尚普茶业创始人

吕小勤：湖南邵阳人，广州市春光茶叶创始人，大益渠道商

吕小雄：湖南邵阳人，广州市洞庭春茶业创始人，大益渠道商

张黎明：广东省茶业行业协会专职副会长

李　静：1988年出生，广东江门人，大观经纪人

彭　婉：云南德宏人，曼飞龙生态茶厂芳村直营店经理

高先生：湖北襄阳人，居于广州，大益茶爱好者

邹东春：勐海县福元昌茶厂创始人

墨　菲：我的朋友，江苏淮安人

许珈源：我的朋友，山西晋中人

芳村：品牌的角逐场，普洱的江湖地

人心之花，未待风吹已自落。往昔岁月，佳人依依，情意绵绵之语，至今犹难忘怀。可叹别离经年，已形同陌路。生离苦，更甚于死别悲。

是故，有人哀白丝可染诸色；有人逢歧路而悲泣。[①]

所有品牌的角逐，都是人的角逐；所有品牌的故事，都是人的故事；而芳村所缔造的传奇，也是人的传奇。芳村，是很多普洱茶品牌的角逐场、练兵场，是战场，自然，也就有输赢；但也要看得长远，输了能东山再起，赢了能沉着冷静。芳村，也是普洱茶行业的江湖地，再如何竞争，终究还是有温度，有人情的。

江湖里，都是客，时间的客人，苍茫天地间的客人。是故，合作好过竞争，相逢一笑泯恩仇，愿战场里的战士更像战士，在不长不短的人生岁月中去开疆拓土，去开辟普洱茶市场的未来，去抒写属于自己的荣耀；让真正的敌人——时间无可奈何，至少，不哀叹，不悲泣。

---

① 吉田兼好．徒然草 [M]．王新禧．北京：北京联合出版公司，2018：37.

芳村茶叶市场曾经的盛会，至今说起来依然津津乐道。南方茶叶商会／供图

普洱茶无法忽略的广东市场

广东市场之于普洱茶，重要性不言而喻；我们也可以反过来说，普洱茶承受不了失去广东市场之痛。这一点，作为普洱茶销区的广东商家认可，作为普洱茶产区的云南商家也认可，没有争议，甚至连主要销售市场不在广东的商家也认可。

2020年8月30日，我在昆明康乐茶城采访季明景（龙然茶业创始人）。他说："广东的消费体量对普洱茶的影响非常大，广东是普洱茶最大的消费市场。广东人习惯喝早茶、午茶，因为天气等原因，也适合喝普洱茶。我自己的品牌产品销往广东的比例也是比较大的，广东占60%以上。我的产品体系中，临沧茶量多一些，品种还是版纳茶多一些，但临沧茶销往广东的比例越来越高。"

芳村茶叶市场能有今天的规模与影响力，是几十年时间的积淀而成，是几代人的坚持而成。南方茶叶商会／供图也是在 8 月，我在昆明雄达茶城采访刘明华（霸茶茶业有限公司总经理）。他认为广州市场包容性特别强，真正喝茶的消费者能接受云南高端古树茶，不亚于高端岩茶，并且这个基数非常大，而低端茶的消耗也特别大。从高端到低端，基数大，走货量也大。粤港澳大湾区最核心的就是广东，从经济活力到政策层面，都是全国拔尖的，汇聚了全国很多人口，并且消费能力比较强。广东人创造了很多普洱茶行业的品牌，像合和昌、今大福、福今，都能辐射全国消费市场，这是非常少见的。其他省份就很难出来。

刘明华多次到过芳村，也经常参加广州茶博会，2020 年 11 月在广州茶博会上我还遇到过他。刘明华说："广东市场对霸茶来说，比重不算特别高。广州喝茶的习惯跟老一辈茶人有一定的关系，因为前辈做茶多集中在版纳的布朗山、易武一带。做普洱茶的（商家）要重视广东市场，这个是业界公认的。我们要承认这一点。"

2020 年 10 月，我在昆明大商汇茶城采访李兴泽（云章茶业创始人）。他说："目前来看，云章普洱茶在广东的销售比例还是大的，主要是卖毛茶，中间商专门供应做出口的商家，做了很多年，一年的供货量在 30—40 吨。成品的比例小一些，消费者不算多，因为品

李兴泽从小在做茶的家庭氛围中成长，经时间的磨砺，现在熟悉勐库每个古茶园茶叶的特点，做茶之路也更加平和。云章茶业／供图

牌才开始起步。我感觉广东市场比较包容、开放。对于我自己来说，（广东市场）不熟悉的因素太多了，找合适的经销商更务实一些。我在广东的几个朋友多喜欢喝陈茶，还不太习惯喝昆明仓（特指在昆明存放转化的普洱茶）的茶叶。广东市场庞大，消费能力强，还是值得我们重视。"

邹东春的福元昌品牌专注于版纳茶区。2020 年 8 月下旬，我在昆明康乐茶城遇到他，就聊起芳村来。他也感叹广东市场的庞大与重要，但福元昌还没有深度介入。他说："我们都知道（广东市场）重要，但目前还没有找到一个合适的切入点去打开广东市场，不能因为看到市场大就盲目进入，寻求有效的方式也很重要。目前我们在推进加盟店的渠道建设、拓宽线上渠道的宣传，尽量务实些。"

2021 年 9 月，昆明康乐茶城，刘治皓（拉佤布傣茶业昆明经销商）回忆自己在芳村曾住了一段时间，感觉芳村茶商考虑更多的是商业价值，并且很多人交流的信息几乎都是大益。他说："散茶——价格便宜的散茶，其实还是有市场的。广东的普洱茶消耗体量很大。"

2020 年 9 月 16 日，我在芳村第一次见到了彭婉（曼飞龙生态茶厂芳村直营店经理），她是云南人，2003 年就和丈夫何超一起来芳村做普洱茶生意。彭婉主要是做德宏曼飞龙普洱茶的批发，面向全国各地的市场；2008 年还把普洱茶卖到了韩国，并且量比较大。

2020 年 11 月，昆明康乐茶城，张凯（拉佤布傣茶业品牌总监）对我说："2009 年，我才去芳村，当时是市场的低迷期，下半年逐步升温。当时一年我们可以做 100 万元，利润有 10 多万元；但开支大，也在 10 多万元。2012—2013 年，有些产品的价格是很低的，需要走量；如果量起不来，成本就高，那就不划算了。量大的话，还是有一定的利润，毕竟我们是做消耗，而广东市场对我们拉佤布傣来说很重要，芳村打江山的老一辈还在，他们对我们品牌的接受度比较高，还是认可的，特别是老品牌丰华。"

2020 年 9 月 7 日下午 3 点，昆明康乐茶城，我找到吉皓，因为他作为普洱茶行业的综合服务商，并创建"说茶网"资讯网站，可以从媒体的角度观察行业，这样比较有说服力。吉皓说："从说茶网网站访问量来看，就普洱茶版块来说，地域分布的指标中，排名第一的是广东，占总体的 20%；他们看茶叶的相关信息，包括专业知识。其次是云南，占比 10%；需要说明的是，云南的访客不像广东这么纯粹，其中既有喝茶的（消费者），也有行业从业人员，还有茶农（生产者）、管理方面的人。云南的访客没有广东的纯粹，云南的访客是综合性的，广东的（访客）如果对普洱茶没有兴趣的话，是不会去搜索的。其他省份的访客主要是行业从业者和消费者，从业者

关注普洱茶的发展动态，消费者关注相关的信息，比如价格、产品特点、仓储知识等。"

广东地区饮茶习惯的传承、对普洱茶的喜爱、消费基数的稳定带来了可观的市场，为普洱茶行业的发展提供了重要的保障。可以说，广东市场撑起了整个普洱茶产业的半壁江山。更好的一个

广易钧泰茶城是芳村茶叶市场里比较成熟的一个市场，做普洱茶交易的商户较多。
杨春 / 摄

消息是，对于普洱茶行业，广东市场的比重应该还会继续提高，因为——"有人"。

据第七次全国人口普查数据显示，广东常住人口 1.26 亿，10 年增加 2171 万人，人口总量和 10 年人口增加量均居全国首位。

5 月 11 日，国家统计局发布第七次全国人口普查公报，以 2020 年 11 月 1 日零时为标准时点开展的第七次全国人口普查显示，广东常住人口为 126012510 人，和 2010 年第六次全国人口普查相比增加 21709378 人，人口总量和增加量均位居全国首位，占全国人口比重也从 7.79% 提高到了 8.93%。

广东增长人数几乎与浙江、江苏、山东三省合计增加人数相当。从年龄构成看，广东常住人口老龄化进程加快，但仍慢于全国。从性别构成看，广东人口性别比（以女性为 100，男性对女性的比例）为 113.08，为全国最高。专家分析认为，目前广东人口红利尚存但优势在逐渐减弱，未来广东经济发展需要更多地依靠人口文化素质提升带来的人才红利。[②]

广东地区的人口持续增加，尤其是年轻群体。而人既是这个社会最宝贵的资源，更是任何一个区域健康、持续发展的重要资本。当大量的人口安居广东，势必有一部分人会受粤地消费习惯、品饮习惯的影响，使之带来本地化的生活方式与消费方式，普洱茶在广东地区也因此有了更大的想象空间。

② 王彪．广东常住人口 1.26 亿 10 年增 2171 万人 [EB/OL]．广州：南方日报，2021-5-12（A01）．http://epaper.southcn.com/nfdaily/html/2021-05/12/content_7942866.htm.

芳村：
优势之地，造势之地

这几年，如果是初次到访芳村茶叶市场，还是会被其规模之壮观、交易之繁荣所震撼的，至少我被震撼到了。2019 年 9 月，我第一次到芳村，也确实很惊讶：怎么那么大！一座茶城接着又一座茶城，开车都需要半天！幸好朋友发了定位，有导航可依，不然我真没本事找到目的地。

"中国茶城看广东，广东茶城看芳村。"这是茶行业对芳村地位的高度总结，也是认可。经过半个世纪的发展与积淀，芳村茶叶市场已成为全国规模最大、品种最齐全、成交量最大、辐射面最广、品牌最集中的茶叶集散地，吸引着全国各地的茶叶及其客商，交易活跃，有着强劲的集散能力、品牌传播能力。

在 2002 年广州市第二届茶博会期间，南方茶叶市场被农业部授予 "定点市场" 称号。③

---

③ 广州市芳村区地方志编纂委员会 . 芳村年鉴 2003[M]. 北京：中华书局，2003：13.

可以说，芳村已是茶行业各大品牌的必争之地，尤其是普洱茶行业，很多想走向全国的品牌都会重视芳村、布局芳村。

2020年9月，观光路。陈泽丰（天鹰茶行创始人）说："芳村的普洱茶市场毕竟年轻，因为真正起来的时间才有10多年，接近20年。这个行业是新兴的。现在有很多角色在芳村，比如厂家、经销商、品牌总部、理财师，包括像阿宣（大观经纪人）他们一样的经纪人，可以自己收藏、投资，可以做中介，可以自己调货、销售。

"芳村的优势，在于这里是自然

广东芳村茶业城是芳村茶叶市场中比较醒目的市场之一，识别度极高。杨春／摄

形成的，有话事权，是行业的兵家必争之地。老茶就得在芳村找，新品最好在芳村发布、宣传；普洱茶行业的精英也在芳村。芳村是（行业的）黄埔军校，在这里学一年，就可以去其他地方当师傅。"

2020年11月，启秀茶城。裴子超（陈茶汇总经理）说得更直接："云南普洱茶的定价权在芳村多少有点奇怪。品牌方对芳村可谓又爱又恨，这里没有忠实的粉丝，但是大家看钱办事，效率极高，造势快。这是很多品牌方期待的。"

2020年9月，天易。彭晓峰（顺丰茶行创始人）认为芳村是一个好地方，会创造英雄，不问出身，只看结果。他说："做茶是很好玩的，接待各行各业的人，（他们）很会讲话，就像百科全书，能学到很多东西。过去，有人带几十万的资金进入芳村，就是一个很大的数字；现在，有些人一次就带上千万的资金进入，也从一个角度说明这个行业升级了。芳村的商户竞争较少，更多的是合作关系，所有的商户几乎是一个利益共同体，彼此之间会做生意；行业行情好，那大家都好。有些地方的茶叶市场，是没有跑街的，商户之间不交流、不合作或者说很少交流、很少合作。现在他们看到芳村，也在学习芳村的交流、开放。现

在我的规模小，是自己水平还不够。"

2020年9月7日下午，昆明康乐茶城。吉皓说："我每年都会去芳村几次，昆明的普洱茶交易没有芳村活跃。有些货源，我还得从芳村调货，一是快；二是品类齐全，能找得到货源；三是有价格优势。所以我自己每年都会在昆明、广州、东莞之间跑。像今大福，在全国有800多家店，但在广州和东莞就有300多家。

"芳村是茶行业的华尔街，茶商的从业程度、喝茶的群体人数、访问人数都是最高的、最多的，所以做普洱茶没有办法回避芳村，绕不过去。即使是规模比较小的夫妻店，很多也是做做二手生意，靠调货赚钱，因为调货方便，这是芳村的优势之一。

"行业里很多资本开始做品牌的时候，还是会把芳村作为品牌的运营中心。高端产品在芳村被认可，在竞争最激烈的地方都得到认可，那再扩展到全国，这样的话，品牌的推广会更容易，也更有说服力。在这个行业，只要是有一定体量的品牌，在芳村得不到某种程度的认可，那市场对这个品牌的认知度就得不到认可，很有可能就不是行业的主流品牌。"

2020 年 9 月 21 日，位于洞企石路的卓业茶行。卢耀深（南方茶叶商会创会副会长）较早之前是做广西的茉莉花茶生意，现在是以普洱茶为主、以红茶为辅。他的店经营大益、中茶、黎明、象山、兴海等品牌。他说："每个品牌走货的量都差不多，我这里是以消费为主。过去做花茶很辛苦，今年的卖不掉，放到明年就会发黄，就亏损了。

"芳村做普洱茶交易有优势，很多做得好的品牌，都是一大帮人在做、在推，像大益、今大福、中茶、雨林，背后都有专业的团队。芳村（的经营者）现在呈现年轻化的特点，感觉我自己被芳村这个市场淘汰了，跟不上年轻人的脚步。我卖茶，就是赚点辛苦钱，不像年轻人炒茶，今晚一个价格、明天上午一个价格，到下午又是一个价格。我不参与炒茶，遇到自己喜欢的茶会买一点作为投资。前几天还买了中茶的 88 青饼、水蓝印（那是 2020 年中茶在芳村

卢耀深，参与并见证了芳村茶叶市场的发展历程，熟悉每个阶段的大事件。杨春／摄

2020 年，中茶的几款重磅产品都是在古桥茶街的中茶普洱南方运营中心发布，由芳村茶叶市场引领全国的市场。林鹏源／摄

古桥茶街首发的几款新产品，引领全国的中茶新品推广），一样的买了几件，想多买还买不到。"

2020 年 11 月，我在昆明康乐茶城采访张凯，他也认可芳村的造势优势。他说："行业早期时，基本上做品牌的茶企都要去芳村，很多品牌早期起步阶段也都选择芳村，因为芳村是核心区，是行业的辐射点，可以辐射全国。很多茶都是从芳村走向全国，像澜沧古茶就是这样，还有 88 青，以前中茶也没有像现在这样集中精力推一款茶。你看，今年他们集中精力推了几款茶，并且都是选择在芳村首发，其实这也是机遇。我们最早去芳村的时候，自己不属于炒茶的，我们是针对自己的品牌做消耗，发展、维护客户群体。当时去芳村的很多品牌，回来的很多，少数的品牌坚持下来了，很锻炼人。"

长期在广州工作的戴向阳（普洱茶爱好者）认为这边（广州）的消费已经形成了对品牌的习惯或依赖，而北方市场还没有这样的品牌习惯或者说品牌依赖。

芳村，是优势之地。2020 年 7 月 21 日上午，在王蓝（茗六福茶行创始人）的店里，她为我总结了芳村的几点优势：专业、包容、能干与服务，尽管服务是后面才提出来的概念；芳村的地位是年份茶造就的，与山头茶有一定区别。另一位在芳村扎根二十多年的朋友

则补充了价格因素："芳村的优势是价格。像大益的产品，价格是透明的，在很多专业的网站上都查询得到，像东和、大益行情网。现在更甚，信息非常快，随时都在变。"而这些优势，共同成就了芳村的地位，更成就了造势之地的行业殊荣。尽管连生（德心茶行创始人）不赞成在芳村价格便宜的说法，认为源头——产地云南更便宜，但认可芳村价格透明的优势，更认可芳村的服务走在行业前列。

2020 年 9 月 22 日晚上 8 点，阿宣请客，就在茶博园附近的客家王。饭桌上，老马（大观茶业创始人）总结说："芳村，最大的功能就是作价的地方，既是造势之地，也是造价之地、品牌的优选之地。当然，如果操作不当且过于贪心，那也可能是梦碎之地、悲情之地。不是

洞企石路，芳村茶叶市场的代名词。杨春／摄

2023 年 5 月上市的 2301 印象版纳七子饼茶。陈烨／摄

每个人、每个品牌都能适应芳村的。"

多少地方，多少行业，上演了将一手好牌打得稀烂的活剧，芳村则是历久弥坚，愈发显现出蓬勃的生命力及其在行业的地位与价值。芳村，更像是一个超级充电桩，各大茶类、各个品牌都能在这里快速学到东西，尤其是新进入行业的年轻人。芳村，既是各大品牌的练兵场，也是实战地；既能检验品牌的含金量，也能学习到行业经验，还是品牌孵化地。当然，既然是战场，就有可能输或者赢，变成自己的修罗场或者福地。而作为芳村的核心区——洞企石路，最早的名字叫"金福围"，但愿成为用心耕耘的品牌方的福地，金与福所环绕之地。

交易中心：
话语权与未来可能的细化

芳村茶叶市场之大，对于初到者来说是一件很头疼的事，得知道方位，所以这个指路牌还是很有必要的。不过，逛来逛去，最终你会发现：东西南北中，都在市场中。与其说是指路牌，不如说象征普洱茶交易市场行情的风向标更贴切。杨春／摄作为中国茶叶市场的交易中心，芳村具有较大的话语权，而这，也是很多人比较关注的；在交易方式多元化、信息极为高效、物流极为便捷的当下，对于普洱茶未来的交易中心是否还会继续在芳村，则具有一定的争议——可能会细化，走向不同的方向。

2019年9月23日，我在广州采访张黎明（广东省茶业行业协会专职副会长）时，她说："广州，包括芳村，这边的商业气息很浓，接受外来文化比较快，经商头脑灵活，再加上运输、仓储带来了便捷的物流以及早期的历史沉淀等因素，让芳村力压群芳。随着芳村不断发展，知名度在国内外的茶界不断提高。芳村的发展，不止带动了广州周围，也带动了全国。全国各地的大城市都慢慢有了专门的茶叶市场。广东茶商多集中在芳村，他们对普洱茶的发展做了很大的贡献，他们在全国各地布局普洱茶、推广普洱茶。"

2020年7月，古桥茶街。杨盈（双盈茶行创始人）说："芳村作为中国茶叶市场的交易中心，是在1998年后，标志性事件是把红茶炒起来，并且还是云南红茶。中国传统的六大茶类（青、红、黄、绿、黑、白）有五大茶类的交易中心是在芳村，黄茶的交易中心在四川的雅安。比如绿茶，韦品忠（韦品忠茶行创始人）做到了广东市场的第一，邓启为（佰年尚普运营中心副总经理）的大姑做到了广宁人的第一。两个人基本吃下了绿茶的市场，包括云南绿茶、贵州绿茶等。至于说普洱茶，你也看到了，整个芳村市场，很多档口都在做普洱茶。普洱茶至少目前是占据主流，很长时间以来都是市场的主流。"同年11月，杨益一（易杨堂茶行创始人）也说："芳村80%的档口都在卖普洱茶。"这是一个很惊人的数字。

2020年9月，观光路。陈泽丰说："芳村作为交易中心的优势在于这里是自然形成的，有成熟的配套服务，历史积淀的客户群体，具有较强的生命力、影响力。普洱茶的话事权在芳村，一定要在这里交易。这里是集散地、是行业的桥头堡，无论是老茶、新茶，还是具有金融属性的茶，在这里交易都有优势，是普洱茶行业的兵家必争之地。勐海就不同了，是毛料的集散地。"

成就芳村交易中心的条件有很多，其中重要的一条是社会大环境，即过去计划经济特殊的贸易制度。当然，这一点又与广州千年的商贸传承、独特的出口优势有关。当下，随着科技的进步，网络技术迭代异常迅猛，电子商务已经非常成熟，网购已经很普遍、很普通，已成为人们消费的日常方式，包括大益。电商也是比较重要的一个渠道，并且销售额非常可观。在这种背景下，芳村作为五大茶类、作为普洱茶的交易中心这一优势地位还能保持吗？

2021 年 9 月，刘治皓认为芳村茶叶市场的形成有其重要的原因，也有其行业地位。

2020 年 9 月 7 日下午，吉皓则分析得比较详细，也更有说服力。他说："行业里 80% 的人都认可芳村是普洱茶交易中心的地位。在这个行业，芳村的线下交易比较频繁，云南则偏重电商。从消费者的思维逻辑、购物心理来看，原产地还是占有优势，比如我想买一个紫砂壶，我的脑子里想的是找原产地的商家购买，就在天猫上看，会优先选择江苏宜兴的商家。购买普洱茶的消费者，以我自己的网站来统计，选择云南产区商家的比例在 40% 以上，云南的商家占了原产地优势。原产地更正宗，这是人们的固有思维，我们在营销上也要根据消费者的思维来考虑。

"但不管电商如何发展，对芳村的影响都不大，因为芳村形成了一个特点，即同行之间会做生意。在云南，同行之间很难做生意。云南商家的体量都不算特别大，比如昆明康乐茶城有 600 多户商家，商家与商家之间很难做到交流。因为在云南，商家很容易找到原料，有原料优势，甚至可以直接到茶山跟茶农买原料，在时间、行程以及原料成本上占了优势。

"芳村有上万家商户，彼此之间做生意很频繁，能达成交易。比如隔壁的同行可能会买我的货，然后他通过他的渠道销售出去，大家都能赚到钱，哪怕利润低。这就形成了快速流通，甚至可

红茶茶汤。时至今日，红茶也是云南茶产业中重要的一极，在芳村茶叶市场有较大的交易量。赵忠琴／摄

大观茶业
优质普洱茶服务商

分享好茶　传递价值

交易平台是芳村茶叶市场，尤其是普洱茶交易市场的重要特征，是行业与市场高度集中的产物，也是芳村的一大特色。平台有大有小，大有大的优势，小有小的好处。尽管盈利是所有平台的共同追求，但每个交易平台还是有其属于自己的特点、风格，所交易的普洱茶的侧重点不一样，如多品牌与单品牌、中老期茶与新茶、价值投资与短期投资……平台的差异化带来了整个普洱茶交易市场的丰富性，蔚为大观。大观茶业是众多平台中较为出色的一家，以其鲜明的特点在体量极大的普洱茶交易市场中立足，并不断向上发展。

霸茶一直深耕临沧产区，近年的发展较快。廖波／摄

能在流通的这个过程中形成了口碑的传播，包括产品的口感、品牌的特色等。

"在云南，山头茶的频率比较高，市场偏向于名山茶，看的是产品的特点、口感的极致体验。在芳村，市场更认可品牌，比如大益、陈升号、兴海、今大福、雨林、中茶等，品牌商更多的是拼配茶，看的是综合品质。品牌商还有一个优势，就是量大，这个也符合流通的要求。正因为体量大，有这个基础，也是优势，

所以才跟专业化有关，才孵化出了像东和、大观等专业的交易平台。"

2021 年 5 月 8 日，我应云南弘益大学堂校长李乐骏之约，到位于昆明自贸区顺通大道紫云青鸟文化创意博览园的弘益大学堂喝茶。在李乐骏的办公室，他问我最近在忙什么，我说在写一本芳村的书。于是话题很自然地就转到芳村普洱茶交易上。李乐骏说："芳村是一个讲规则的地方。因为市场是在做流通，

做交易，面对的是生人；市场是生人与生人之间做生意，只能讲规则，规则也是最好的交易保障。只有讲规则，才能做生意，才能把生意做大。"

对于互联网的影响，2020 年 7 月 21 日在采访王蓝时，她也认可互联网，也会跟平台做交易。她认为互联网带动了普洱茶更快、更精准的交易，互联网是加速传播，但茶叶交易不会被替代。因为茶叶需要体验，需要人与人见面；而人与人在一起是一种场景，很特殊，首先，得要一杯茶，一杯冒着热气的茶汤。

刘明华则持不同的意见。2020 年 8 月在昆明雄达茶城采访时，他说："从现在的物流发展来看，芳村未来不太可能会成为普洱茶的集散中心、批发中心。芳村作为普洱茶交易的前沿，可能会成为金融属性较强的普洱茶的品牌中心。普洱茶行业发展到现在，有专业的配套服务，勐海成为普洱茶的加工中心、制作中心以及普洱茶产品定制中心；临沧可能是毛料批发中心，因为产量大，所以有'天下第一仓'的称号，至少目前是最大的，临沧普洱茶（毛茶）供应业界的诸多品牌。"

2020 年 9 月在洞企石路采访卢耀

深时，他说："现在，我们都不用到云南购买茶叶了，直接在芳村就可以完成交易。如果自己想做一点茶，就自己找原料，那就去勐海；找到合适的原料后，去水哥（林水礼）的厂里加工或者黎明茶厂加工。如果原料好，那加工厂还是会比较高兴的；如果原料不好，那加工厂还是会有点为难，因为会伤害到厂家的品牌。"

既然说到交易中心，那话语权就显得特别重要，比如定价权、交易标准等。这是一个让很多人纠结的问题，比如芳村之外的投资普洱茶的客户。2021 年 3 月 27 日，昆明润城，晓德书店创始人李峻跟我聊这个话题。他说："2019 年，我们作为中间商帮朋友卖一款茶，就遇到了很头疼的问题。茶是大益茶，2003 年的孔雀之乡，规格为 500 克的大饼（当时还有 3000 克的超级大饼）。这款茶是一位韩国朋友投资的。我们要卖这个东西，那就要找到渠道，昆明的渠道不是很多，当时圈子里只有几个人在做这个生意；我们找到了他们，他们又找到了芳村的渠道，最后是某平台帮忙验货。当时网站的标价是 28 万元一件，但最后的成交价则远低于这个价格。

"问题出在选择走货（销售出去）的这个过程。当时有两种方式，一种是

验货是普洱茶交易中较为重要的一个环节，随着市场的发展，验货也越来越便捷。杨春／摄

快速走货，价格就会低一点；另一种是价格高一点，但可能长时间也卖不掉。所以最后压价有点严重，但也没敢选择后一种。最让我们无奈的是验货过程。这批茶的饼茶绵纸包装的包法居然出现了两种，就是在一提茶里面发现两种包法，好处是每一提都是有编号的。包法不对的这个版本的茶，我们找到了芳村某茶行的老板看，他是认可的，最后还有厂家也认可，大家都认可这两种包法，是真茶，品相也认。

"我们都以为问题解决了，就在带着货到芳村交易的时候，又出问题：茶叶上贴了防伪标，关键是当时贴标的人可能比较懒或者疏忽了——有一提茶，上面的三饼贴了防伪标，下面的四饼没有贴，而贴过防伪标的则被认为有损品相，最后被压价。

"所以，我就在想，一般的人敢不敢投资大益茶？如果是芳村之外的人投资大益茶，那验货怎么办？感觉就是好与不好都是他们说了算，价格也是他们说了算。芳村还有一个规矩，就是如果我最初找的人是某个人，那同行就会自动回避；如果我不想跟这个人交易，那我该怎么办？如果我在昆明买茶，那交易是不是很不方便？如何做到交易的公平、合理、便捷？"

这是李峻的困惑。他也觉得昆明没有芳村那种氛围——普洱茶交易的氛围。我在芳村采访的时候，遇到了很多外地人，包括云南的、湖北的、黑龙江的、陕西的、浙江的，都是直接到芳村做交易。季明景、刘治皓都认为：昆明这边投资大益茶的，更多的是属于投资，暂时还不具备专业能力，而交易市场的中心也只是在芳村。事实上，最近几年昆明也有了专业的交易平台，比如东和，比如雨林。但李峻的这个困惑，估计还得需要时间来解决；至于大家争论的未来交易中心的话题，其实也很简单，即陈茶与新茶、拼配茶与纯料茶，这是一个可以坐下来慢慢闲聊的话题。

大益的产品体系非常齐全，消费者的选择空间极大。杨春／摄

芳村之魅：
既是舞台，也是考场

芳村之魅，最明显最直观的是对个体的吸引力。很多人怀揣梦想而来，也有一些人抱着试试看的心态而来。对于个体来说，芳村既是舞台，可以施展商业才华、实现人生越级，但同时也是考场，有人交出了优异的成绩单，也有人折戟而归。

2020年9月14日，天易。我到彭晓峰的店里喝茶，他说："2007年，我第一次来芳村。潮汕人喜欢喝茶，在2006年年底时，无意中听别人说普洱茶有行情，后来就跟随朋友来芳村。哪里有行情就去哪里做生意。我觉得普洱茶行业很好做，边喝茶边做生意。这个生意做得比较轻松，很多行业没有这个优势。

前几年，洞企石路两边可以停车时，高峰期异常拥堵；现在，畅通了很多，秩序有利于促进社会的高效运转。杨春／摄

"自己一路走来，也不容易，但我喜欢芳村的氛围——卖茶的氛围。茶行业能接触到很多行业、阶层的人，还是觉得有意思。"

2020年11月23日在启秀茶城采访时，裴子超回忆，他自己是2010年来芳村的，是他的妹夫带他进入普洱茶行业。当初他妹夫对他说："（如果）你在芳村都赚不到钱，你去其他地方也很难赚到钱。"到现在，裴子超在芳村的时间已经超过十年。

2020年9月中旬，小涡新村，我采访了凌桂萍（乾泓茶业创始人）。她的观点可能代表了很多年轻人的想法。她说："自己做茶比较自由，我追求自由。淡季的时候可以自己安排时间出去玩，想不通的事情就想通了。做茶叶要有信心，身边有邻居、老乡也在做茶，但后来他们觉得没兴趣就放弃了，我觉得自己与茶叶还是有缘的。选择这个行业，有茶喝，有钱赚，又自由；尽管赚钱也不容易，但这个社会上实在很难找出比做茶更好的职业了。"

"芳村是全球最大的茶叶市场，对于年轻人来说有机会，是一个很不错的舞台。'00后'的年轻仔趁着这一波（2020年5—7月）行情赚到了钱，年龄大的反而没有胆量入手，但最后能不能承受得住，能不能留住财富，就要靠个人了。在芳村，即使是打工，也要坚持学习。在芳村做茶，一边赚钱一边学习，比专门花钱去学习要划算得多，可以少走很多弯路，并且更接地气。只要勤奋、肯努力，就能赚到钱。"

凌桂萍既参与大益茶的投资，也做二三线品牌的中期茶，还会去云南茶山收购原料、做一点自己喜欢的茶。她说："可以留着自己玩，也想看看转化的情况。"很多时候，她都在芳村，偶尔能看到她四处旅行。既能经营事业，能赚钱，也能维持一份情怀；而情怀又是感性的、任性的，所有的，都在芳村交集。这或许就是很多人喜欢芳村的缘故吧。

2019年年末，因偶然的机会，我认识了在明阳茶叶市场栩圣工作的郑丹敏。2020年9月16日上午，我在酒店吃了早餐后便直接到明阳茶叶市场，到栩圣喝茶，便和她聊天。她放弃了国企的稳定工作，直言更喜欢普洱茶氛围的工作，在公司选择了品牌策划的岗位。

2020年，我第一次到芳村是热得汗流浃背的7月，正赶上那一波普洱茶交易市场火爆的尾巴。在大观茶博园老店，老马说："芳村是一片热土，这里不以学历作为晋升的条件，这里看似没有门槛，但又不是。其实对于品牌方来说也一样，芳村的大门是敞开的，没有先入为主地设置任何条件，更没有歧视；任何品牌都可以来芳村发展，只要能活下去。对行业的各个品牌来说，芳村是一个好地方，同时也是一个竞争激烈的地方，看个人本事。我很感恩芳村给自己带来自由的生活。"

芳村，更像一名敢爱敢恨的女子，有自己的主见，足够坚韧；有自己的梦想，足够宽广；随着年龄渐长，其思想也更加成熟，虽然忙碌、节奏较快，但不慌张，更不迷茫。她有一颗坚定的心，跨越半个世纪，从过去到现在，这颗心趋于理性，也趋于感性，能包容很多，也成就了很多人。

当自己与家人、朋友都在芳村时，当大部分的时间、精力都在芳村时，当生活与梦想都在芳村时，芳村注定成为很多茶人生命里不可或缺的一部分，也是让心安定的那部分，甚至是最重要的那部分。

凌桂萍是芳村普洱茶交易市场上很多年轻人的缩影，喜欢普洱茶，经营普洱茶。
凌桂萍／供图

大益:
市场自行选择的结果及其品牌的力量

大益, 普洱茶产业的主流品牌, 也是芳村普洱茶交易市场上的一流品牌。杨春 / 摄

2020 年普洱茶交易行情火爆时，很多人开玩笑说，芳村普洱茶交易市场只有两个品牌——大益和非大益品牌，就像汽车界只有两种车灯——奥迪车灯和其他车灯。当然，这只是玩笑话，但也从侧面说明大益在过去很长一段时间以及当下的普洱茶交易市场中不可撼动的地位；而之所以说是玩笑话，是因为奥迪在业界素有"灯厂"之誉，车灯确实很有科技感，旗下部分车型的车灯也魅惑得很，灵动得过分。车灯打开时，宛若朝着你挑逗，撩人得很，科技也能动情、动心。但是，汽车界的豪华品牌除了奥迪，也还有很多选择，对吧！哦，这只是一个相对贴近的比喻，从侧面验证市场对大益品牌流通性的认可。

我这样说，只是想说明在普洱茶行业，大益品牌确实一流；在普洱茶交易市场或者说普洱茶投资领域，大益可谓是占据了半壁江山，甚至可以说是一家独大，至少目前如此。这是无可争议的事实。

至于在芳村，有些人把非大益品牌统称为"小品牌""二线品牌"，我理解为仅是从交易、投资的角度或者说流通的角度来定义——不得不承认，这个是成立的——而不是，也不应该从消耗及其他指标来定义，不同的角度或者领域、不同的地区或者群体、不同的立场或者身份对大品牌、一线品牌有着不同的理解；而不同的品牌对市场的定位也有着自己的理解或者说专注，不尽相同，不可能完全相同。

但是，不管你喜不喜欢大益，作为普洱茶行业一流品牌的地位、龙头企业的分量，这一点是毋庸置疑的。

2020 年 7 月 21 日，茗六福茶行。王蓝说："大益能走到今天，是时间沉淀后的结果，品牌已经深入人心了。大益的产品有收藏与投资这个功能，不需要质疑。"深入到什么程度？

2020 年 11 月 20 日，广物。杨益一说："现在芳村的平台，90% 的都是在做大益。" 2020 年 9 月 13 日，双盈茶行。涂少平（普洱茶投资人）说："过去，我送一饼 200 块的大益茶给亲朋好友，结果还被对方嫌弃。后来就转变思维，改送茅台王子酒，200 块钱 2 瓶（2020 年之前的行情，到 2021 年的时候这个价格已经买不到了），结果对方还特别开心。现在，大益茶的很多产品，随便一饼都 1000 多块，送不起。"

芳村的很多朋友跟我说："只有在交易的时候，你才能真正感受到一流

王蓝2001年创立茗六福茶行。时至今日，茗六福茶行已是中期普洱茶及老茶收藏与品鉴专、深、精的代表。王蓝／供图

品牌的价值与魅力。"所以，我们才看到当下普洱茶交易中大益无处不在的身影、听到无时不谈的声音，有思考、忧虑，有怀疑、坚定。但不管你对大益持何种态度，如果在普洱茶行业中找一个投资的品牌、交易的品牌，目前来说，大益还真是最佳选项。普洱茶之于资本市场，大益是一枝独秀，集万千资本的宠爱于一身。大益如果说自己是第二，估计没有哪家敢说自己第一。

我们要清醒地认识到这一点，并承认。在这个基础上，如果自己是商家，可以根据自己品牌的实际情况来学习大益；如果自己是投资客，可以根据自己的财务能力进行投资，或者不投资。投资追求的就是商业价值，仅从商业价值来看的话，追求利润最大化。如果不选具有较强市场流通性的大益，那选什么呢？如果自己是消费者，那就无所谓了，市场上有太多的选择，可以选大益，可以选大益之外的其他品牌。

品牌的力量还表现在吸金能力上。2020 年，普洱茶行业某品牌融资超过 2 亿元。客观地说，这已显示其较强的品牌号召力，超越了业界很多品牌的规模。但大益发布 MVP 会员，仅充值就能轻松到 3 亿元。这还只是 2001 群峰之上的购买资格，显示了其极强的"吸金能力"，或者说具有强大的资本号召力。因为市场认可大益，也相信大益。

市场选择大益，是市场自己的选择，是市场经济充分竞争后的结果，也是人们比较之后作出的选择。

2020 年 9 月 15 日中午，观光路。陈泽丰说："这个行业是我们赖以生存的，如果厂家（大益）做得不好，我就选择其他家了。没有人逼我，是我自己的选择。我整个家当，是靠做大益维持。如果你们（大益）做不好，我就做其他的品牌。这样的话，至少现在我们有义务来维护大益品牌，维持良好的发展。以前我做某款茶亏损，但怨不得别人，是怪自己学艺不精。"

在芳村经营大益能赚钱，为什么要跟钱过不去呢？这又从另外一个角度体现了芳村茶商的务实。只要能赚钱，就愿意付出，既卖利润高的茶，也卖利润低的茶。当然，你也可以说他们爱钱。可是，商业不谈钱，那谈什么才好？要知道，务实是广州祖传的基因，兼之进取与灵活的商业精神。他们相信直觉，相信经验，相信自己的判断，但，最终都是由数据来验证：交易次数、交易品种、交易额以及最后自己的收入。

大益的钱有那么好赚吗？当然不是。2020 年 9 月，我在芳村采访时，有熟悉普洱茶交易市场的朋友私下跟我说："其实，芳村茶人（特指交易大益茶的商家）的心态很复杂，对大益又爱又恨，但又离不开大益。可能大益也离不开芳村，尽管他们（大益）有 2000 多家专营店和各个领域的公司。我们爱大益，是大益能给自己带来较高的收入，至少相对稳定，茶叶能流通，缺钱的时候能变现。我们恨大益，是感觉自己在交易市场上像韭菜一样被收割，看不懂行情，猜不透。"

2020 年 11 月 23 日，启秀茶城。裴子超也说："芳村的茶人对大益又爱又恨，但爱的人多过恨的人，爱的程度多过恨的程度。"

大益之于芳村普洱茶交易市场的人来说，可谓爱恨交织。行情上涨的时候，想卖、又不想卖，怕卖早了赚得少；行情下跌的时候，又心生恐慌，怕卖晚了损失更大。这就是人性，这就是市场里交易人的复杂心态。

2020 年 9 月 19 日，茶博园。俞培景（宁酽茶行创始人）说："大益茶有品牌，有技术，有文化积淀，有原料优势，也有能力做好茶。我还是看好大益茶。"

2020 年 7 月 21 日，茗六福茶行。王蓝说："在十五年前，芳村也是很喜欢定制茶的，现在很多经典的产品都是那个时期的定制茶。十五年前，大益的品牌在芳村的地位跟现在的中茶、下关一样。2007 年，那一波行情，从暴涨到暴跌，再到 2013—2014 年，也是从大涨到大跌，大家对品牌有了意识，开始思考芳村普洱茶交易的品牌，或者说什么样的品牌才值得我们经营、投资。大益品牌能有现在的行业地位和影响力、较高的市场认可度，这也不是一来就有的，也经历了残酷的市场竞争与时间的检验，而市场又是围绕消费者、收藏者服务的。大益品牌是普洱茶交易市场、普洱茶行业自行选择的结果。"

在普洱茶交易市场，优质的品牌往往是能快速流通的、变现的。这是最重要的一个特征，与"高端的食材往往只需要最朴素的烹饪方式"有异曲同工之妙。

大益茶产品。时间的积淀与市场的选择，成就了经典。

友福茶叶／供图

大益发展的重要节点

每次从昆明长水国际机场出发，过了安检后，抬头就能看到大益的广告，并且始终都是7542、7572 这两款经典产品。杨春 / 摄

"天下之学者，孰不欲一蹴而造圣人之域。"（宋·苏洵《上田枢密书》）嗯，我曾经也这样想过，但被现实摧残得体无完肤。后来只能妥协，跟现实握手言和，不再幻想"一蹴而就"这种天才才能达到的境界，老老实实做事情。其实，各行各业、各个品牌也一样，或许会遇到那种让人羡慕的好机遇得以高速发展，但不可能一直高速发展下去。而更多的是，在不断解决困难的过程中日益发展壮大。显然，能做到这一点已经很不错了，比深陷困难不能自拔要好得多。

大益的发展也不是一蹴而就，也是在起伏不定的行业发展中抓住机遇，在诸多重要的节点上没有走错以及拥有强大且不断提升的自我纠错能力。

近二十年来，大益最重要的一个节点应该是 2004 年勐海茶厂的改制了。2021 年 3 月，我在西双版纳采访时，D 先生（西双版纳茶叶近四十年发展的见证人）说："当时勐海茶厂改制，是有三拨人竞争的，不单是吴远之先生（大益茶业集团董事长、总裁，已故）；第二拨人是煤老板，特别有钱；第三拨人是勐海茶厂原有的团队。当时改制是双向选择，投资方有选择勐海茶厂的权利，勐海县的主要领导也有选择投资方的权利；投资方除了可以选择勐海茶厂外，还有另外几家茶厂可以选择的，比如黎明茶厂。

"当时吴远之是用理论来竞争，用理论来说服当地领导。你要知道，煤老板是很有钱的，有资金的优势。如果当地领导选择煤老板，那就不存在勐海茶厂后续的资金问题；原有团队熟悉勐海茶厂，这个也是优势。最终，历史选择了吴远之，也证明了是对的选择，是双赢的结局。这是吴远之的远见，也是当地政府的远见，是相互的成就。从这一点来说，我还是很敬佩当时勐海县的主要领导的，当时的决策不是一个人说了算，是几个主要领导沟通后达成一致意

至 2023 年，杨盈（左）在芳村茶叶市场刚好二十年，所创立的双盈茶行始终以普洱茶为主，用这二十年的艰苦与坚持换来的务实、灵活的风格赢得了市场里很多同行的认可。
双盈茶行／供图

见的，很难得。

　　"过去，勐海是很穷的。现在，你看，勐海发展得很好，老百姓也富裕了起来，勐海茶厂提供了很多就业岗位、搞活了经济。大益对勐海的贡献是很大的，甚至可以说，这种贡献还不只是对勐海，还辐射了思茅产区（即普洱市）、临沧产区。这些都是看得到的。

　　"大益，是当下全国茶行业最大的生产企业，这个是事实。做茶，如果不做品牌，那就要做好品质。既要做好品牌，又要做好品质，压力也是很大的。"

　　后来，我从另外的渠道了解到，当年参与竞争的几方投资方当中，其中一方是实力雄厚的某烟草集团。

　　改制，让勐海茶厂焕然新生，让大益品牌获得了自由生长的土壤；改制，是大益的里程碑。之后所有的高光时刻最终都离不开改制。

　　2020 年 7 月，我在古桥茶街采访时，杨盈说："（勐海茶厂）改制之前，是厂家听市场的；改制之后，是市场听厂家的——模式变了，生态变了，天变了。最明显的变化就是改制后大益取消了代工、私人定制；主客体的位置变了，厂

家反客为主，取得了主导地位（话语权）。销售模式上更是颠覆性的改变，第一、先打保证金再配货；第二、开专营店。在此基础上不断升级。

　　"大益的发展经历了从 1.0 时代到 4.0 时代。1.0 时代是经销商制，2.0 时代是专营店、专柜，3.0 时代是旗舰店、体验馆，4.0 时代主要是在各省市区的核心商圈升级原先的经营、体验业态，提升普洱茶行业的整体形象，变得'高大上'了，成为普洱茶行业的高档商品。而改制，直接把大益从 1.0 时代一跃至 3.0 时代，并为升级为 4.0 时代做了必要的铺垫与准备；大益也从传统的产品升级为文化与产品的融合，发展成行业的标杆。

　　"大益的发展比较快，每三年就会有一次变化，你若留意的话，你能感受到这种变化。总体来说，大益改变了营销模式，改变了传统市场的认知。"

　　2020 年 11 月 23 日，我在启秀茶城采访裴子超时，他说："从 2017 年起，芳村开启了交易的新模式、新秩序。2017 年之前，是传统的认知，普洱茶交易、投资的模式是今年收购一点、明年收购一点，比如你 2000 元买入的茶，行情涨到 8000 元，利润就非常可观了。

这个时候，你卖还是不卖？对于曾经的茶商来说，当然要卖了，但大益颠覆了这种认知。

"2016 年，大益发行'皇茶壹号'（分为生茶和熟茶，这里特指生茶）。茶是 2007 年制作的，在大益的益友会渠道发布。当时这个渠道还是网站的模式。芳村有一批嗅觉特别灵敏的人，可以说是先知先觉，就开始抢这批茶，价格从 3 万元涨到 30 万元，再到后来的 60 万元，超出了很多人的认知，尤其是老一辈茶人的认知。再比如 2017 年上市的轩辕号等，类似的情况越来越多。

"这个时候，准确地说，伴随新产品上市时，市场出现了高度集中化的筹码。筹码就是货，就是茶叶。谁抢到了货谁就有了筹码。把茶叶拿到手上，足够多的时候就可以选择交易，就是一种有优势的筹码，就有了交易的主动权。

"这是一个重要的转折点，打破了对普洱茶交易所有的认知。价格上涨到一定程度的时候，商家会出售部分产品，这样就回本了，剩下的货选择持有——观望状态，多出一件货就是纯利润。

"当然，大益也不是每款产品都有这样的优势，尤其是熟茶。2014 年，大益出了丹青熟茶，还是在西安发布的，最高到 2 万多元一件，期货价；然后一路下跌，最低跌到 4600 元一件。收藏市场不太认可熟茶，这是传统的认知，不排除未来的变化以及资本的介入。"

2021 年 5 月 21 日，刚好是国际饮茶日，我查询了大益行情网，丹青的价格在 6000 元；11 月下旬，丹青的价格还是在 6000 元；2021 年 12 月下旬，丹青的价格则跌到 5500 元。

最典型的还是 2020 年中发布并上市的春秋大义熟茶，从 10 多万元跌到 1.8 万元，说明芳村普洱茶交易市场及资本还是不接受熟茶。

裴子超负责的陈茶汇是一家规模较大的交易平台，经营多个普洱茶品牌，以中期茶为主。
陈茶汇／供图

大益为我们贡献了什么？

位于勐海县的勐海茶厂。简一茶业／供图

2021 年 5 月 8 日，在云南弘益大学堂李乐骏的办公室聊芳村普洱茶交易时，自然聊到了大益。他说："大益有尚未成熟的一面，也有进取、优雅的一面。骂大益的人成千上万，赞美大益的人也成千上万。这个就是行业的事实。但如果只会骂，或者只会赞美，那都不客观、不全面，我们需要全面地看待大益，这样才能有所收获——促进我们自身的成长，也才能促进行业的发展。"我相信李乐骏所说的这番话是理性的、客观的，因为他熟悉大益品牌近二十年来的发展，曾服务过大益品牌，离开后又创办了云南弘益大学堂，投身于普洱茶文化的推广，既与大益有一定程度上的联系，又保持着一定的距离；既熟悉大益的发展脉络，又有其独有的视野。所以我有理由相信他公允的立场与客观的评价。

我想起 2001—2005 年在兰州上大学的时候经常看的一份报纸——《经济观察报》，其办报理念就是"理性，建设性"。当时看到这两个词的时候，对于求知时期的我无疑是天空中传来的一声惊雷，虽然当时一下子还理解不了，但一直记得这两个词。只要愿意，批评，谁都会；赞美，谁都会。可是，该如何推动个体、机构、行业与社会的发展呢？我们缺乏"理性"，更缺乏"建设性"；即使想做到，尤其是大到行业的发展，也不是一朝一夕就能做到的，需要我们不断地努力，相互尊重、相互承认、反思、引导并践行、坚持。

大益是一面镜子，我们可以在这面镜子里看到很多，包括大益值得肯定的地方，值得反思的地方，也包括我们自己——非大益品牌的管理者们、行业从业者们……对照大益，有哪些东西是值得我们学习的。作为行业的一流品牌，肯定有独到之处，有优异之处，这点务必要承认；如果你觉得大益不好，又有哪些东西是我们应该避免的，从而促进自身水平的提高，而不仅仅停留于批评。

2021 年 3 月，我在西双版纳采访时，D 先生说："大益茶分为常规茶和金融茶，护城河做得非常好。金融茶是市场的选择，是参与者的选择，这是他们的权利。当然，他们也可以选择放弃；盈利与否、亏损与否，是参与者自己的事情，愿意参与，那就要接受结果。常规茶，比如7542、7572，这个关键是要把控好品质，要做好。因为这是立身之本，是基础。

"大益，从生产制作来说，为整个普洱茶行业提供了很多具有专业水平的人；从品牌创造来说，也为行业孵化出了很多品牌。这个是要承认的。"

2020年9月7日，我在昆明采访吉皓时，他说："大益是龙头企业，在过去二十年左右的时间创造了很多经典产品。芳村作为普洱茶的交易中心，大益是主要的品牌，带动了今大福、陈升号、福今等品牌的发展；大益带有金融属性的产品，比如大白菜、班章特色的产品带动了第二、第三、第四品牌梯队的发展。"

2021年5月5日，我在昆明康乐茶城采访朱梦南（云南易江号创始人），他说："我自己的客户当中，就有一部分是从大益品牌转过来的。大益作为行业头部企业，对普洱茶文化的推广是有目共睹的，其力度也是所有普洱茶企业中最大的。大益在这个行业里开疆拓土，对做大普洱茶市场是有着较大贡献的；

这个市场做大了、蛋糕做大了，行业的所有品牌都受益，都可能分到一杯羹。"

2020年7月21日，我在芳村采访王蓝时，她则提到了大益的专注与持续。她说："我第一次来芳村的时候，是做'百家茶'，什么茶都卖，铁观音、云南红茶、英德红茶、普洱茶以及茶具；不断发展，不断做减法，后来是专门做普洱茶。2000年，我跟林水礼下单30吨茶叶。2002年，第一批定做的茶是福元昌，在山上做下来的成本是28元一千克，一大件不到1000元。01简体云当时几百块钱一件，当时我觉得不好喝，又苦又涩，我自己做的福元昌茶甜，好喝，但现在，我自己的（福元昌茶）是3000元，对方的（01简体云）是上万元。2005年，我自己做的福元昌茶是1000多元一饼，设计的版面上有印章。当时没有人这样做，产品还抢着要，那个时候是很有优越感的。做到2006年就断了，没有持续性。大益品牌是有持续性的，这就为我们提供了一个传承，也能在体系产品里做比较。这就是品牌的力量。大品牌是持续性的，是一个不断积累的过程。"

行业里很多品牌都在学习大益，直接地说，是在学习大益的打法——营销、推广、产品规格，包括交易市场上的炒

双盈茶行20周年

2003—2023年

　　任何事情做到极致，都可以靠近成功，哪怕是一家普通的茶行。在芳村茶叶市场，茶行的数量是最多的，代理某个品牌普洱茶的店是茶行，经营小品牌的店是茶行，倒腾数个品牌的店也是茶行。茶行可以在市场里做得风生水起、口碑不错，也可以默默无闻，只是当作谋生。不同的态度、追求、能力与际遇，最终会造就不同的人生。双盈茶行从2003年创立，至今已有20年，经历了芳村普洱茶交易市场的风云变幻，见证了普洱茶在珠三角地区的崛起与高速发展，但"品鉴好茶，共享佳茗，彼此成就，自然双赢"的理念从未改变。

大益茶庭，更符合年轻人及快消品市场的审美与需求。杨春／摄

茶。有的品牌学到了精髓，在结合自身条件的前提下，不断夯实基础，渐有自己的特色；而有的品牌在自身并不具备做高溢价产品的实力下学到了大益的皮毛，沦为笑柄。王蓝也说："普洱茶行业中，有些品牌在学习大益的运作，就是直接复制。但这也是最快的方法。"从这一点来说，大益就是普洱茶行业的黄埔军校，过去十多年是，现在依然是。

即便是经销体系，大益也为行业贡献了自己创新的模式，即专营店、品牌形象店、品牌旗舰店、体验馆、超级体验馆；级别越高，配货就越多，尤其是紧俏的高端茶，自然，收益就更多。部分品牌就对标大益的这套经销体系模式，模仿与借鉴的痕迹清晰可见，也不失为一个好选择。

同时，大益这面镜子也是普洱茶行业发展的一个参照物。2021 年 8 月 14 日下午，我在王志颖（博瀚茶业创始人）的店里喝茶时，碰巧遇到俞培景。我们

几个人就继续聊起普洱茶交易的话题。俞培景说："大益已经把行业顶到一定的高度了，接近天花板了。这就是其他品牌的机会，（其他品牌）可以活得很自在，希望（自己）能相对舒服些赚点钱。大益涨价幅度过高的话，就凸显了其他品牌的商业利润与价值，所以现在普洱茶交易市场很热衷二线品牌。我们的目光停留在某个点上而忽略了其他，不应该这样的。以前的一段时间，并不是做大益赚钱，而是做福海赚钱，你要多少件，都能调到货，没有那么多规矩、约束，也没有那么多的门槛；后来是大益发展起来了，越来越规范，甚至是苛刻，为行业建立了标准。反过来说，如果大益都跌价，那这个行业就麻烦了。"不过，最后俞培景又补充说："做普洱茶，不能有思想压力的。普洱茶行业是一个很舒服的行业。"

很多朋友对我说："站在巨人的肩膀上做自己喜欢的事情，这不好吗？"

市场有很多选择，
一起做大行业是所有品牌的使命

位于芳村茶叶市场古桥茶街的大益店。杨春／摄

普洱茶行业是一个充分竞争的行业，高、中、低档的产品都异常丰富，尤其是中低端产品；注意，我这里说的是"异常"，不是"很""十分""非常"。异常丰富说明消费者的选择空间极大，我们不用极端选择超低价位的产品，比如只要你敢喝，网上 10 块钱一饼的茶都有，我们就说 100—200 元的产品，就有很多，多到你想象不到。更重要的是，随着社会经济的发展，消费在升级，有些行业会逼迫你消费升级，最简单的方法就是停止生产低价位的产品，可能还是物美价廉的产品，让你被动接受现实。而普洱茶行业的充分竞争，为消费

者提供了丰富的产品。市场关注度极高的大益，其基础产品也一直坚持生产，并且产量较大，充分供应，很难遇到大益的基础产品断供的时候。

市场有很多选择。假若你抵触、拒绝大益的投资产品，尽可选择其基础产品；假若你非常排斥大益，那也有一大把的选择，仅仅是品牌，就多到你数不过来。除了大益，还有下关、雨林、今大福、陈升号、澜沧古茶、中茶……这就像我们平常喝白酒，可以选择浓香型、酱香型、清香型……在当下流行的酱香型中，如果喝不起飞天茅台，可以退而求其次，选择王子酒、迎宾酒；如果还觉得贵或者不喜欢，依然还有很多品牌可以选择。

百花齐放、百舸争流，是普洱茶行业的精彩。不管是一线品牌，还是二三线品牌，甚至是小众品牌、私人定制，共同筑成普洱茶行业的当下。产品的丰富性与行业的充分竞争既是一个行业成熟的表现，也是一个行业良性发展、向上突破的基础。

在芳村，规模较大的普洱茶品牌非常多。其衡量指标有三个，第一个是交易量较大，第二个是店铺多，第三个是在整个普洱茶行业的影响力。除了前面提到的品牌外，像润元昌、合和昌、八角亭（黎明）、老同志、兴海、云海、福海、昌泰、南峤、老曼峨、岁月知味、可以兴、中吉号、郎河、七彩孔雀……在芳村都有可观的交易体量与品牌影响力。作为在芳村创立、近几年发力的佰年尚普也步入品牌扩张的快车道，布局全国各地，且新品频出。2021年4月在全国推广锦绣沱茶，2021年5月下旬推广金章雅韵，2022年3月推广轻翠，甚至部分产品还进入二级交易市场；至2021年10月，店铺数量已破600家，在整个行业已经具备了规模优势、品牌优势以及极为宝贵的市场影响力、发展势头。

2020年9月，我在芳村采访时问杨盈："今年普洱茶行情会怎样？"他

陈列整齐且成规模的普洱茶，看着都非常舒服，很养眼。杨春／摄

说："没有人知道答案，每个茶人、茶商都在猜测，也都在努力。但有一点可以肯定的是，这个行业会有一些人出局，这个行业也会有一些品牌更加璀璨。"这，会在时间里得到印证。

对于芳村来说，所有普洱茶品牌都有机会。这是非常公平的，但同时也是挑战，不能只看到机会而忽略挑战，也不能只看到挑战而忽略机会。这种挑战，既包括消耗市场与交易市场的双重考量，也包括最现实的问题——成本。不要忘记，在芳村扎根的成本不低，很多人都承认这个是需要下血本的。这种挑战，还包括产品能不能符合珠三角地区消费者的品饮习惯，以及品牌推广能不能契合粤地的口味。

对于入驻芳村的各个普洱茶品牌来说，从开业的第一天起，就已经注定参加了一场充满悬念的淘汰赛。谁愿意自己被淘汰？谁不希望自己的品牌是那颗最耀眼的星？于是，有了角逐，有了拼搏，有了引领风云与平凡的区别。芳村，既然是茶叶市场，既然是普洱茶的交易中心，那就注定是这个行业竞争最激烈的角逐地，更是战场，免不了烽火与硝烟，或明或暗。但愿这场淘汰赛是长跑，但愿没有终点，能一直坚持下去，哪怕最终收获的不太一样。

好在，除了竞争，还有合作。合作，是芳村普洱茶交易市场的一大特点，也是普洱茶行业的一大特色。毕竟，尽管有观点认为普洱茶产量已经巨大，但不可否认的是，这个市场还在不停地扩大，还有很大的发展空间。这，就是无数普洱茶人、茶商的机遇，也是那些立志走向全国的品牌的机遇。

也正因为如此，芳村及其整个普洱茶市场更像江湖之地，有利益交集、冲突之处；有聚散离合，有恩怨，也有人情。就像一杯纯粹的班章茶，再如何耐泡，终究也有淡了的时候。我们不用为"淡了"而发愁、生怨、遗憾，珍惜好

在一起喝茶、一起品鉴那杯班章茶滋味的时光便已足够，也是最好的面对。杨盈说："行业之间，市场之间，股东之间，甚至同行、同事之间，彼此攻击并不能促进行业与市场的发展，相互包容、相互成就好过相互伤害。这种成就，既是事业的成就，也是人生的格局，是看得见的，是大概率能实现的。"

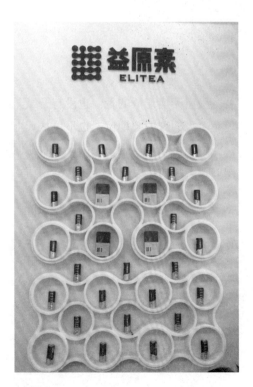

益原素茶饮料。杨春／摄

芳村普洱茶的崛起：
厚重的基础与持续的引爆点

没有无缘无故的爱，也没有无缘无故的恨。同样，芳村茶叶市场普洱茶能有今天的规模与地位，也不是从天上掉下来的，而是由多重因素造就的。这些因素不断地累积、交错，不断地促成芳村茶叶市场的形成、壮大。市场里的普洱茶则在历史的进程中异军突起，不断夯实属于自己的地位与荣耀。

大益 7542 八十周年特别版，又被称为"绿豆饼"。杨春／摄

关键点：
百花香料厂的铺垫与影响

百花香料厂过去的产品目录。杨春／摄

2020 年，我在芳村茶叶市场采访时，不管话题有没有普洱茶，熟悉芳村茶叶市场发展历史的好几位茶人都提到了一个关键词——百花香料厂。这是绕不过去的一段历史，不妨泡上一壶普洱茶，大益、中茶也好，下关、雨林也罢，我们先从百花香料厂说起：百花香料厂不算真正意义上芳村茶叶市场的源头，却是铺垫，是距离我们最近而又重要的一个关键点。

对于百花香料厂，卢耀深也记忆犹新。2020 年 9 月，我在洞企石路采访时，他说："芳村这里（花地村及其周边一带），以前属于白鹤洞人民公社，后来改为东漖镇。在过去是广州的郊区，种花是这边的习俗，也是一种产业，所以才有那么多种花的。国家的百花香料厂在这边，作为产业配套之一，这边也是有任务的。当时公社的任务就是要大量种植茉莉花，交给香料厂。北方人喜欢喝茉莉花茶，他们以前用蜂窝煤取暖，长期会吸到煤气。茉莉花有清凉、解毒的作用，所以他们喜欢喝茉莉花茶，而茉莉花的花香本来就让人喜欢。

"广宁人最早过来这里。他们以茶厂的名义来做花茶，买来绿茶，加工成茉莉花茶。广宁、清远、肇庆和湖南、福建等地的人都过来加工茉莉花茶。从 1978 年开始，当时还不准搞个体户，他们就以集体的名义来搞，以外贸公司、茶厂的名义加工茉莉花茶。当时有 100 多家茉莉花茶厂，但规模比较小，类似于现在的小作坊，100 多平方米也可以建一个厂。做了五年，到 1983 年左右，随着政策放开，茶厂慢慢被私人承包。再到后来，就可以自己申请营业执照。早期做茉莉花茶的人带动很多人过来这里做茶，到处开档口；不只是芳村，整个广东省都开店，就是那种小茶店。"

在《芳村文史》《荔湾文史》《广州市芳村区东漖镇志》等地方文献中均能看到关于百花香料厂的记载。

2020 年 7 月 22 日下午，我在大观茶博园老店采访陈老（已退休多年，普洱茶爱好者），他总结说："（茉莉）花，引来了茶，才有了茶叶市场。没有香料厂，就没有茉莉花；没有茉莉花，就没有茶叶市场。花地村有 2000 年的历史，当时政府选址花地村创建香料厂，引来了（茉莉）花，很多人在这里炒制茉莉花，慢慢搞起来。后来不单普洱茶，什么茶都搞起来了。"

陈老：
社会学视角下的芳村茶叶市场与普洱茶发展

按陈老的话来说，就是他"搞了一辈子刑侦"，所以他观察、理解芳村茶叶市场的角度与芳村老茶人的角度还不太一样，具有社会学的色彩。

陈老 1971 年从部队退役后即进入警界工作，就在芳村落地生根，一直干到 2008 年 5 月份退休。所以，当他说"我是看着它（芳村茶叶市场）长大的"时，我觉得没有夸张的成分，很符合事实。

为什么是芳村形成茶叶市场？陈老说："首先要感谢花地村。花地历来都是种花，有 2000 年的历史。岭南盆景大师都出自花地村，出了很多盆景制作的人才。百花香料厂选址在这里就是因为有这样的基础；而百花香料厂又引来了香料商人送原料来这里。当然，也带动了周边村民大规模种植茉莉花，百花

香料厂产品主要是食用香料、化妆品香料；由此引来了茉莉花在这里加工，引来了茶叶——茉莉花茶。花地村没地方搞茶叶，所以就选择在山村搞茶叶，就是在洞企石路，真正的茶叶起家在这里。

"1973 年，他们在洞企石路弄加工点，就在石灰厂搞了三五个档口；石灰厂附近是石棉瓦厂，石棉瓦厂是广州建设局下属的厂，专门生产石棉瓦、盖房子用的，在广易这边；石灰厂比石棉瓦厂早五年以上。附近还有广东省供销社下属的一个废旧物品仓库，有的人就在那个仓库炒制茶叶，或者在附近租破烂房子炒制茶叶。

"开始的时候，他们用大锅炒制茶叶。花农从四面八方送花过来。于是各个工厂抬价收购原料，这家出 1 块钱，

芳村盆景。图片源自芳村区 2001 年发行的明信片。

芳村过去的花卉基地。图片源自芳村 2001 年发行的明信片。

那家就出 1.1 块，就这样收购原料。炒好的茶叶去哪里卖呢？最初，他们没有档口，也不敢明目张胆地卖，而是偷偷摸摸地去卖。不是茶叶的问题，是当时人口管理的问题，怕被查。他们晚上炒制茶叶，白天不敢炒。因为茉莉花茶特别香，警察会闻到那股香味，很容易找上门来。

"那个时候，最困难的不是交通条件，而是人的管理。当时的人口管理特别严格，比如火车站这种人员集中的地方，（社会层面上）政策不开放，（法律层面上）还有一个投机倒把罪；收容审查的幅度是很宽的，外来的人需要公社以上的组织才能证明；要求最低级别的组织是公社，就是现在的乡镇，不是大队（现在的村委会一级），有的是要求县一级。所以，以前外地人来广州，像考状元一样。20 世纪 70 年代对外来人口的管控是真的严格，开不得玩笑，你们这些人，一个都容不得。"

陈老说到这里的时候，我们都笑。当然不是笑他说的夸张，熟悉历史的人都知道这是真实的，老一辈的人都清楚；

从芳村茶叶市场返回酒店时，要经过东葵大街，路边有一处花卉基地。杨春／摄

我们笑的是自己，因为当时在座的都属于外地人，包括老马，我这个云南人就更是外地人了。

陈老接着说："茶叶做好后，他们直接卖到饭店、酒楼，不是摆着卖，是挑着去卖，或者骑车去卖。炒了几年后，他们找门面开了几个小档口，摆放一点茶出来卖。20世纪70年代末期到80年代初期，档口增加了，因为（茶的）量大了。首先是茉莉花茶，后来进来了（普洱）熟茶，跟着是水仙、单枞，逐渐成长起来，当时还没有龙井。较早进来芳村的普洱茶中，多数是散茶，少数是饼茶、砖茶、沱茶。

"最早来这里做茶的，是广宁人。

"到20世纪80年代，就逐渐开放了，没那么严了。也是在20世纪80年代中期，茉莉花茶火爆后，档口越来越多，普洱茶就进来了，后来铁观音也进来了。真的要追溯的话，20世纪70年代末到80年代初这边就有普洱茶了。这个是从市场的角度来说。芳村早期做花茶的还是多的，很香，兴旺过几年。

"普洱茶在这里也有一个逐步接受的过程。20 世纪 80 年代，我的接待茶都是铁观音，当时我们对普洱茶不感兴趣，为什么？颜色（汤色）不好看，跟酱油一样的颜色，市场里的都是熟普（普洱熟茶），老人家在茶楼里都是喝熟普。到 20 世纪 90 年代慢慢接受了普洱茶，你坐一天喝普洱茶，不会伤胃，绿茶喝一天身体受不了。

"20 世纪 80 年代中期的普洱茶很便宜，像下关沱茶、勐海饼茶，几毛钱一个沱茶，一块钱、两块钱一个饼茶，很便宜的。当时的普洱茶从来没有跌价一说，从那个时期到现在，从来没有看到哪款茶跌价，都是实实在在的茶、实实在在的价格，一直在上涨，没有跌价，炒作的不算，（炒作的茶）大起大落很正常。

"20 世纪 80 年代中期，普洱茶进来时，品牌是以中茶为主，还有大益、下关、黎明等。当时都是云南的国有企业、广东省茶叶进出口公司主导，进出口公

茉莉花，花香惹人爱。2003年我在兰州上学的时候也喝过茉莉花茶。林嘉怡／摄

司下达指标任务，厂家去生产，以出口为主，信誉度是比较高的；广东省茶叶进出口公司看到普洱茶的涨势与优势，可以拿新茶换老茶，初次展示了普洱茶的升值潜力与商业价值。后来，广东省茶叶进出口公司的很多业务员都做了老板。

"到20世纪90年代，（人口管理）政策已经放开了，芳村茶叶市场已经兴旺了，越来越好。

"这个茶叶市场（能保留下来并发展到今天）还有一个原因，是农民种出来的（即种植茉莉花引来了茶叶市场之意），明明白白的，不害人（我觉得'不害人'有两层意思，一是茶叶是健康的，不会伤害人的身体；二是他们是规规矩矩做茶、卖茶，没有坑蒙拐骗）。当地（政府部门）觉得他们做茶不是伤天害理的事情，所以睁只眼闭只眼。

"芳村区政府（2005年4月28日芳村区合并至荔湾区）影响了芳村茶叶

市场（这里的'影响'是正面之意），你要知道，各个系统，比如工商系统、公安系统都有自己的管理职能，但政府还是希望能推动经济发展、提供更多的就业岗位。当时广州有几个行业的专业市场是在芳村起家的，水产市场后来搬迁至黄沙（隶属于广州市荔湾区），水果市场搬迁至岭南（隶属于广州市白云区），烟草市场搬迁至大沥（隶属于佛山市南海区，与芳村接壤）。尽管是因为历史原因，但政府后来还是觉得很可惜，把商业赶走了，税收没了，就业岗位也少了很多；政府也考虑过如何扩大茶叶市场，只是当时拆迁已经不容易了，成本太高，就保留原貌。芳村区政府对芳村茶叶市场是开放、包容、支持的，容得下茶叶市场，最终保留了下来。从这一点来说，芳村区政府是有功劳的。

"过去，茶叶老板赚到钱后喜欢赌博，有的人赌博到破产，败坏社会风气，影响很不好。我们开会讨论，最终的决定不是取缔，而是整顿、管理市场，鼓励、引导他们坚持做茶。你要赌博就到外面去，不允许在这里赌博，不然这个茶叶市场就破相了。

"茶叶在芳村形成规模较大、影响较大的专业市场后，（广州）各个区都想开茶叶市场，但芳村这边的老板舍不得离开芳村。因为这边有氛围、有口碑，他们最多会去那些茶城开一个分店。一德路那边也有一个市场，是干货市场，但不是专业市场，农产品比较多，也有茶叶。很多区都有卖茶的，各个商场都有，乡下都有，各地都有，但没有形成一个像芳村这样有规模的专业市场。

"这边（指芳村）能成就一个茶叶市场，还与交通运输条件有关。这边紧挨着铁路，卸货比较方便，石围塘火车站就在附近。运费最便宜的是水路运输，但不是哪里都能发展水路运输，需要自然条件；铁路运输的费用是远远低于汽车运输的，很适合大宗货物。"

对于这一点，据另外的朋友说，佛山那边也有投资商搞茶叶市场，比如迎海国际茶城，但先期定位不清晰，要搞海鲜市场。这让芳村的茶叶老板不敢过去。原因很简单，海鲜与茶叶没办法混合经营——茶叶怕串味。而明阳茶叶市场则因定位清晰，加之地段在广州与佛山的交界处，更靠近芳村，现在已有不错的口碑。不过，周围的茶叶市场无论如何来芳村找这边的茶叶老板过去，芳村始终是芳村，总部、总店多数还是在芳村，离不开芳村这边的根，这边的土壤。而根据 2021 年下半年迎海国际茶都举办的活动来看，估计迎海国际茶都

广东茶叶交易市场。杨春／摄

还是会调整为专业的茶叶市场。

对于芳村茶叶市场的历史，陈老讲得比较尽兴；后来我们去附近的饭店吃饭，饭桌成了陈老的讲台；饭后，再回到店里，一边喝茶一边聊天。陈老说："我们接着说茶。2005年，普洱茶销量大增长。很多老板看到普洱茶在市场上的商业价值，很多行业的，包括金融界的，很多资本进入芳村的普洱茶交易——人家接受了普洱茶。2006年年底到2007年年初，普洱茶市场继续扩大，有些人来炒茶。但他们当中的很多人选择了小品牌、杂牌，只要是普洱茶都收购。后来这帮人吃了大亏。

"2007年风波（崩盘）后，大益渐渐崛起。时代在变，大益现在已经成为整个茶行业的著名品牌，市场认可大益。芳村很包容的，全国各地的茶叶都有，但还是以云南的普洱茶为主，我觉得普洱茶的比例占（整个市场的）80%。"

陈老在芳村五十年，"看着它（芳村茶叶市场）长大的"所言不虚。退休后，他选择在家带孙子，跟朋友来往，聊聊天，说："也没什么爱好，就爱喝茶。以前我在单位的时候，我喝茶就自己买，不能有那么多'爱好'。"而结尾的"不能有那么多'爱好'"，也解释了陈老尽管退休已有十多年，但至今仍然获得曾经的下属的尊重。

陈国昌：
普洱茶的推广离不开
物质生活水平的提升

2020 年 9 月 21 日下午，卢耀深帮我约到了陈国昌（南方茶叶商会创会会长），就约在古桥茶街，陈国昌之子的粤昌茶行店里。

"改革开放"是陈国昌多次提到的一个关键词。他反复提及"芳村茶叶市场的成功与改革开放息息相关"，说："没有改革开放，就没有丰衣足食，也就没有人喝茶；柴米油盐酱醋茶，醋还排在茶叶前面。只有生活条件好了，才能喝茶，有时间喝，有能力喝。吃饭都成问题了，你还会想着喝茶吗？一定要以经济带动茶；没有经济，茶也活不了。我自己是学经济出来的，经济带动产业发展，没有经济走在前头，你发展不起来。你需要收入，你需要吃饭，只有吃饱了肚子才能干活。芳村茶叶市场能做大做强，第一个原因就是改革开放。我们国家解决了贫穷，追求更好的生活，按照现在的说法就是消费升级。"

虽然已退休多年，但陈国昌从没有离开过茶叶，且对全国范围内的茶叶看得很清楚。他说："茶叶是一片叶子，我也是一片叶子。茶叶老了，会落到地上，会融入这片土地的，也还是茶叶。

"做茶做得最好的，是云南，是普洱茶；改革开放前及其初期，六堡茶、六安瓜片还好过普洱茶的。当时广州人喝茶没有地区之分，花茶不叫花茶，叫香片；红茶不分地域，还有水仙、乌龙；白茶不叫白茶，叫寿眉。这些茶当时是比较普及的。

"云南普洱茶能有今天，不是偶然的，是必然的。全国没有一个省、一个品种像云南普洱茶一样，整个（云南）省都出普洱茶，权重比较大，几乎每个地区都有，其他省没有（这样的优势）；并且，是全力推广一个地方的茶叶（普洱茶），所以说是必然的。但这个过程

风风雨雨，陈国昌一生都与茶叶打交道，从青年到暮年，都在关注着茶叶，更爱着茶叶。
杨春／摄

云南马帮进入广东，最终到达芳村茶叶市场。图片源自2006年7月21日《羊城晚报》A18版。

很艰苦，经过几代人、很多人的努力，一届一届的领导都比较重视，沈氏把故宫的龙团请回普洱茶的故乡，回归思茅，连思茅也改名为普洱市。他在北京、上海等地展览了几天，我代表广东茶行业组织茶人去上海（把龙团）迎接回来；最后在观光路展览了三天。

"每走一步，都是历史。龙团回归、马帮万里行、'哥德堡号'……每个事件都推动了普洱茶往前走，丹增、杨丽萍都来过芳村，都为云南茶叶做过推广。

云南茶界、云南普洱茶有今天，跟芳村南方茶叶市场是分不开的。我们（芳村茶人）是在大力推广普洱茶的。过去有媒体说我们炒普洱茶有问题，我说这是市场供需关系决定的，你随意炒一个茶试试？

"云南人、普洱茶人，应该感谢吴远之先生。他推动了大益的高速发展，也推动了普洱茶的发展，从这一点来说，云南是受益的。不贫困的地方一般不会种茶，山区、贫困地区种茶，收入会很好，

"哥德堡号"船员昨逛广州茶博会

啜茗闻香连称"Good！"

本报讯 记者余颖、实习生刘金林、通讯员穗外宣报道：第七届广州国际茶文化博览会昨天开幕，继续举行中外嘉宾万人品茗盛会。"哥德堡号"船长彼特·卡林率领船员在文化广场上与市民一起，品尝来自全国各地的名茶。

广东省委常委、广州市委书记朱小丹为茶博会发来贺信。广州市副市长王晓玲说："261 年前，哥德堡号三次往返中国与瑞典，进行商业贸易，其中的茶、瓷贸易，将中国传统的茶文化传到瑞典，浓浓的茶香散溢着中瑞两国人民的友好情谊。"

开幕式结束后，"哥德堡号"船长和船员们一起参观了茶产品展览厅。

一块世界最大的普洱茶饼吸引了他们的目光。该普洱茶饼重达 3600 公斤，直径 3.28 米，价值近 40 万元。它已经获得上海大世界基尼斯总部颁发的"大世界基尼斯之最"证书。

茶饼采用产于云南六大茶山、八年以上茶龄的大叶种易武茶叶制作而成的。工作人员动用了一台大型吊机，还拆除了 8 米的护栏，用了一整天时间才将它搬上二楼展厅。

在茶叶城三楼，处处都飘溢着茶的香味。有的船员闻到茶香就禁不住拿起茶叶来闻闻，有的干脆就端起茶杯品尝，喝完后不停地说："Good！"

"哥德堡号"船员到访芳村茶叶市场、逛广州茶博会。
图片源自 2006 年 8 月 12 日《羊城晚报》A4 版。

至少有一个稳定的收入。我第一次去云南是 1982 年，当时是我跟另外一个朋友去，最怕的是水土不服；记得昆明当时还有很多路是碎石铺就的，茶山上经常能看到竹竿上晾晒着衣服，房子里支着铁锅……茶叶与扶贫的关系很大，一个市场卖好茶，就能为脱贫致富作出很大的贡献。

"我自己也因为普洱茶、受益于普洱茶，去各地的时候得到了较高的礼遇。在这个行业里，我觉得自己是一个小不点儿，还有很多人在背后做了很多努力。一个行业、一个市场不是某一个人所能决定的，是大家共同努力的结果。南方茶叶市场也是踏踏实实干出来的，不是吹出来的。

"中国的茶文化历史很深厚，渊源很深，但经历过经济困难时期所带来的断档，需要我们、需要更多的人去推广，包括普洱茶文化，让更多的人认识普洱茶。大家都知道普洱茶的特性，耐存耐放、越陈越香；如果仓储干干净净，那

芳村普洱茶的崛起：厚重的基础与持续的引爆点

勐海，因普洱茶闻名，更因普洱茶兴盛，普洱茶产业的发展直接推动了勐海县经济与社会的
高速发展。简一茶业／供图

就不会有问题，其他茶类没有普洱茶这么好的特性。

"我觉得云南人应该和福建人、广东人团结起来。中国的茶叶，绿茶的比例最大，但推广茶文化最用力、最用功的，是福建和广东。你去福建武夷山，你能感受到他们的泡茶功夫；你去潮汕地区，他们的工夫茶很流畅，很有功底。这两个地方的茶文化是最深厚的。潮汕

地区有一个故事，是说潮汕人家里有两个缸，一个是米缸，另一个是茶缸。

"过去，最早被追捧的茶是铁观音，品质最好的价格在120—180元/500克，不超过200元。台湾的英记包装，做一个茶叶罐子，茶叶放在小包装里，放入罐子里，再配一个手提袋，卖200元。说明我们自己太落后了。现在的茶杯2块钱，过去是卖30多块的。当时能有

一个茶台，就已经很高档了，很满足了。现在的社会高速发展，工艺也跟着发展，一些东西来得比较容易了。但这个不是一下子就有的，是慢慢地发展起来的。

"其实，我们也是慢慢走过来的，走得很艰辛。大姐（吕小勤，春光茶叶创始人）他们就知道，他们经历过。现在，要让大家明白，我们是如何走过来的，我们的茶历史、茶文化是如何走过来的。

以前的很多东西，我不知道。但这最近几十年的东西，我知道，也应该让别人知道。

"别人说改革开放初期，大陆地区是以吃饭为主，台湾地区、香港地区的人，还有部分日本人、韩国人过来（中国大陆地区）传播茶文化，但台湾人是最早的。现在（推广茶文化）有一个问题需要我们去解决，全国没有一个统一的口径，很多人都说自己的茶如何如何好，但最后推广起来，成本非常高。如果我们能推广健康这一理念——喝茶是健康的，并能普及，每个人都懂这个道理，那接受的人会更多，成本也会更低。

"喝茶与健康是一个很重要的问题，需要终端努力去推广。中国茶越做越兴旺，让每个人都懂得喝茶是健康的，而不仅仅是爱与喜欢。喝水都要干净，喝茶也是要干净的。健康喝茶与喝茶健康这个理念要提出来并推广，茶叶本身的健康又包括生态环境、原生态的理念。这是我们一致努力的目标，包括茶农、茶厂、茶商，也包括茶文化从业者；如果每个人都知道，那我们卖茶人就不愁了，消费者也会少了很多纠结，彼此的成本都能降下来。"

对于健康，陈国昌笑说自己的身体"百毒不侵"，直言自己身体好，因为喝茶。全国产茶的地方，每一个产区他都去过，用脚丈量过。因为普洱茶，他获得了诸多荣誉，如第三届"全球普洱茶十大杰出人物"。他看着历届的名单，感叹有几届名单上的很多人已经去世了。他还当选过全国茶叶流通协会的年度先进人物、2007年第三届云南省普洱市评审普洱茶界十大名人；也因为茶，让他喜欢看书，喜欢琴棋书画。连生之

前就跟我说："他（陈国昌）是真的喜欢文化，不是做做样子那种，是有钻研的。"

历史的风风雨雨，冲刷着人间的一切，也将一位壮年推至沧桑。现在的陈国昌尊重自然，尊重生命的规律。事实上，我是麻烦卢耀深说服陈国昌接受采访的。卢耀深说"风风雨雨都过去了，往前看"。而他俩，一直是老搭档，陈国昌是南方茶叶商会创会会长，卢耀深是创会副会长，都是芳村茶叶市场的推动者、见证者。他们经历了这几十年来的市场变化，也经历了普洱茶最前沿阵地的变化。陈国昌说卢耀深是自己的好帮手，平时习惯叫卢耀深为"阿深"。

明代的刘伯温自勉："岂能尽如人意，但求无愧吾心。"我喜欢并接受的，是那类真正做事的人，不辜负时代赋予的机遇，不虚度光阴，不甘平庸；我尊重并敬仰的，是那类推动行业（产业）发展的人，于时代的激流中作出自己的判断与选择，并坚定地以青春去践行，最终惠及无数人。是为善。

易昌昌泰
双号交辉

时隔 20 周年，昌泰集团再次推出易昌、昌泰双号经典，
经昌泰创始人陈世怀先生亲自监制，
博易昌号、昌泰号之所长，精选勐海、易武名山古树茶叶为原料，
采用昌泰传统经典拼配技法，
经高温蒸压而成，表里如一，看表知里，童叟无欺。
此茶香气高扬，汤色明亮，滋味醇厚，回味悠长，
饮之难忘，此乃昌泰普洱又一经典！

2021
易昌昌泰复刻版

　　普顺祥店是昌泰茶业在广州芳村茶叶市场的一家特许专营店，店很小，但别有洞天、颇具韵味。推门进入普顺祥店，浓郁的时光之感扑面而来，有昌泰茶业的各种中老期茶，有字画，有花草，更有主人精心收藏的各种器物。都说普洱茶是"深邃的七子世界"，我想离不开岁月所带来的厚重与文化所赋予的丰盈，普顺祥店如是，坐下就不想离开，离开了还会惦记，坐拥洞企石路的黄金位置，既得普洱茶行业的精髓，又隔离了门外的嘈杂声，尽享一个以普洱茶为桥搭建的宁静的丰富世界。

邓时海与《普洱茶》所带来的
理论支撑

邓时海所著的《普洱茶》一书对云南普洱茶产业、芳村普洱茶交易
的发展起到了推动作用。杨春／摄

在芳村采访时，好几位资深的茶人都提到了邓时海及其著作《普洱茶》，认为这本书对推动普洱茶的发展具有重要的意义，尤其对普洱茶的收藏、投资角度提供了理论支撑，而敏锐的芳村茶人在结合自己深度接触普洱茶的基础上看到了普洱茶长远的价值。

事实上，远在1993年思茅举办的第一届普洱茶学术研讨会上，邓时海就写了一篇有关普洱茶的论文——《普洱茶越陈越香》，第一次提出了普洱茶"越陈越香"的理念，但当时反响不大；经过两年的系统性补充，1995年邓时海出版了《普洱茶》一书。这本后来被公认"普洱茶圣经"的巨著在当时的反响还是不大，这与普洱茶的发展相关。当时的普洱茶正处于艰苦奋斗的成长期。即便如此，《普洱茶》还是以各种渠道流入以广州为中心的普洱茶的重要销区珠三角地区。这为后来"越陈越香"理念在广州的深入人心作了必要的先期铺垫。

一直到2004年4月，《普洱茶》一书才在云南科学技术出版社出版，且赶上普洱茶快速成长的时期，也是普洱茶进入广大消费者与销售商视野的普及

期。老马说："邓时海的《普洱茶》这本书，对普洱茶的交易起到了很大的作用。芳村的普洱茶市场，所有的认知都是建立在'越陈越香'这个体系上的。'越陈越香'是普洱茶的核心价值，这样就区别了其他茶类，很多茶你是不敢放的，不敢放太久，都是在卖'新'；普洱茶能放很久，这在广东地区已经是现实，得到了时间的验证，大家都知道这回事。《普洱茶》这本书为普洱茶的仓储、后期转化以及交易提供了理论上的支撑，理论结合实际，那就比较清晰了，更能说服人、打动人，所以市场上才有人敢买、敢卖，为后来规模化、标准化的交易做了实践，也有了方向。"

2020年9月，在采访卢耀深时，他说："2004年之前，卖普洱茶的商家慢慢增多，但在整个市场，普洱茶还不能说是好卖。到2004年，普洱茶才开始好卖，很多饭店、大排档都以消耗普洱茶为主。到2005年，包括普洱茶在内的整个市场生意火爆，一个档口的转让费就要二三十万，还不一定有。"

普洱茶从基础茶升级为
主流茶的基础

在整个珠三角地区，在今天所打造的整个粤港澳大湾区，有着较为广泛的饮茶基础与浓郁的饮茶文化。

广州人嗜好饮茶。人们早上相逢，都以"饮咗茶未？（喝茶没有）"作为问候早安的代名词。饮茶乐趣，确是人们工余之暇，上班之前，会亲友、话家常、相互聊天的好去处，所以不论农、工、商、贾、自由职业、厂店员工、肩挑负贩等，不少是茶楼或粉面茶点业的座上客。[④]

社会饮茶基础之广泛、厚重，由此可见一斑。2020 年 9 月 21 日，在古桥茶街采访陈国昌时，他说："广州人常说'得闲（有空）过来饮茶啦！'这已说明饮茶文化深入人心，我们是以饮茶相邀，而不是饮酒相邀、打牌相邀，既有友善、亲切之意，就像有的地方会说'你吃饭了没有'；也有文化、高雅之境，至少不俗气嘛，跟相邀去看画展、书法

展一样。关键是，这是我们的日常生活。"插一句题外话，他们所说的"得闲"，在我的老家（玉溪市江川区）也是这样表达的。如果说"有空"反而会显得异常突兀、陌生，会被快速作出判断：君乃异乡客？

在粤地，在粤港澳大湾区，在人们的日常饮茶中，因气候、饮食习惯及其历史传承，普洱茶又是其基础茶，其中又以勐海产区的普洱茶为主。2020 年 9 月 18 日，我在大观茶博园老店喝茶，阿升（张活升，大观前员工）说："在广东，某系统的人比较喜欢勐海茶、勐海味，包括民间也有此品饮偏好；他们感觉勐海茶冲一点、烈一点、浓一点，这与广东的气候有关。现在的 88 青、白菜系列、孔雀系列等经典的普洱茶很贵，甚至喝起来有点心痛的感觉，但过去是很便宜的，就跟现在的大益 7542 差不多，都是口粮茶，所以过去消耗了

---

④ 中国民主建国会广州市委员会，广州市工商业联合会，广州市政协文史资料研究委员会. 广州工商经济史料：广州文史资料第三十六辑 [M]. 广州：广东人民出版社，1986：186.

很多经典的普洱茶，同时也积淀了口碑并形成了消费者的品饮习惯。"

2020 年 9 月 20 日，我在德心茶行喝茶，连生说："普洱茶在粤港澳地区是有喝茶基础的，并不是新兴产品，而是作为基础茶，有较广的认知、认可。普洱茶更是广州人的基础茶，开始是寿眉（白茶）、红茶、普洱茶（特指熟茶，又以散茶为主）、香片（茉莉花茶），后来增加了铁观音，并且有一段时间，铁观音成为品饮茶的主流。

"但你要知道，基础茶就是老百姓经常喝的茶，说白了就是低端茶，是上不了台面的。以前批发一斤（500 克）普洱茶就是赚五分到两毛钱，大批发是五分到一毛，小批发是一毛到两毛，完全靠走量，几吨、几十吨这种才能赚到一点钱；这个是现实，其实也从销售端证明它（普洱茶）是低端茶。高端茶的利润会这么低吗？"

2020 年 11 月，我在芳村洞企石路采访，带着"基础茶"这个问题，特意采访熟悉芳村茶叶市场发展历史的 F 先生（芳村资深茶人）。他说："普洱茶在广东为什么能发展起来，从基础茶升级为主流茶，从民间的日常茶转变为整个粤港澳地区各个阶层所接受的茶？这

既需要饮茶的基础，也需要引爆点；这不是一方的力量所能决定的，而是时代的必然。人的生活（水平）发展到一定程度的时候，一定是有质变的，跟经济发展一样。

"它（普洱茶）需要引爆点。当时最好，也是最有效果的引爆点就是拍卖，一场接一场的拍卖会，就是一次接一次的引爆，将整个社会的注意力吸引到普洱茶上，从而完成了普洱茶的升级，也是蝶变。"

早期的芳村普洱茶交易，以熟茶为最，又以散茶为主，体量较大。现在依然有一定的市场，还有不少商家在销售普洱散茶。
杨春／摄

引爆点：
接连不断的茶博会与拍卖

拍卖，其实是当时茶博会的配套服务之一，也是茶博会内容重要的一部分。就像现在茶博会上的评奖一样，关键是，二十年前的茶博会比较稀少，含金量比较高，社会关注度也高。

2000年9月，广州举办首届国际茶文化节，有12个国家及港澳台地区茶界人士400多人，加上国内和广州各界代表共2000多人与会，是一次规模大、规格高的国际茶人盛会。⑤

2001年12月，又承办了第二届广州国际茶文化节。茶博览会、茶艺表演、茶经营发展报告会、茶文艺晚会、茶王评比、茶文化一日游等一系列精心组织的活动，吸引了中外茶商和来自全国各地的市民10多万人，使历史悠久、博大精深的中国茶文化发扬光大，同时营造了芳村浓郁的茶文化氛围，成为芳村区年末的一台压轴好戏。⑥

2001年12月14—16日，第二届广州国际茶文化节在芳村区南方茶叶市场举行。广东省委副书记、广州市委书记、市人大常委会主任黄华华，广州市市长林树森等省市领导，国内外嘉宾3000多人出席了开幕式。⑦

2002年11月22日，广州市第二届茶博览会在芳村南方茶叶市场举行。22日晚举行的以"茶香情浓芳村夜——千壶千茶，万人品茗晚会"作为第二届茶叶博览会的开幕式，气氛热烈。⑧

《羊城晚报》报道：

昨晚，广州市芳村区南方茶叶市场

---

⑤ 广州市芳村区地方志编纂委员会. 芳村年鉴2001[M]. 广州：广东省地图出版社，2001：49.
⑥ 广州市芳村区地方志编纂委员会. 芳村年鉴2002[M]. 北京：中华书局，2002：29-30.
⑦ 广州市芳村区地方志编纂委员会. 芳村年鉴2002[M]. 北京：中华书局，2002：17.
⑧ 广州市芳村区地方志编纂委员会. 芳村年鉴2003[M]. 北京：中华书局，2003：12-13.

从 2002—2007 年，芳村茶叶市场成为《羊城晚报》的常客，市场热闹，报纸也热闹。
杨春 / 摄

前茶叶观光大道上茶香灯美，第二届广州茶博览交易会暨第二届（秋季）优质茶评比大赛开幕式"千壶千茶、万人品茗"晚会在这里举行。

观光大道上一字排开的六百多张精致木雕茶桌上，上千个紫砂壶轮番起落，向现场的上万名来宾泡制出上千种不同的茗茶。记者在现场看到，泡茶的紫砂茶壶千款千样，泡出的茶也各有特色。到场的来宾尝出了全国各地千种名茶的千种风味，也品出了芳村区传统的浓浓茶情。闻香而来的几千好茶者和普通市民也大饱眼福和口福。

在万人品茗的同时，农业部领导为南方茶叶市场颁授"国家农业部定点市场"的牌匾。⑨

---

⑨ 杨媛，黎志荣．千壶千茶 万人品茗 [N]．广州：羊城晚报，2002-11-23 （A6 版）.

2004年2月8日，曾远全（迎春茶行创始人）以1.2万元拍得3克普洱茶膏。

本报讯（记者李婧）昨天下午，尽管广州阴冷逼人，但正在广东大厦举行的鲁迅、许广平藏清宫普洱茶开汤评赏及拍卖受到热烈追捧，5分钟之内，唯一一块受委托拍卖的普洱茶砖（重3克）便拍出了12000元的天价。而其余茶砖是否拍卖，据悉，还有待国家有关部门批准，北京国家博物馆则表示有意收藏。

……

广东茶学权威、92岁高龄的中山大学张宏达教授品鉴后告诉记者，味道很清淡，很难得。张宏达表示，他研究茶学60多年还是第一次见到如此精致的普洱茶砖。这肯定出自休闲阶级之手，距今至少80年以上，而这些茶砖当时应该是用来净饮的，显然不是满族人用来冲调奶茶缺少风味的普洱茶。

在开汤评赏后，茶砖拍卖立即开始，一共有三家买家参与竞拍。庞姓拍卖师先是简单介绍，说明年代久远的普洱茶不仅味好，而且有药用价值；然后，将这块普洱茶砖起拍价定为8000元，每口价升200元，价高者得。

刚公布完，99号买家便率先举牌；

2004年2月9日《南方都市报》A07版关于3克清宫普洱茶砖拍卖的报道。
迎春茶行／供图

接着，88号、83号竞相举牌，尤其是88号买家志在必得。不管99号或83号报出何种价格，88号买家都一定再高过他们。不到5分钟，三个买家已争相举牌近20次，价位也从8000元一路攀升到12000元。就在这时，拍卖师看情形如此激烈，就宣布每口价增至500元，谁知无人应拍。须臾，拍卖师只好将每口价再回落到200元，谁知还是无人应拍。最终，88号买家——广州市迎春茶叶经营部如愿以偿地将这块茶砖纳入囊中。

该茶行负责人曾远全连声称："值！值！"曾远全告诉记者，这个价格并没有超出他的心理预期，裂了一角

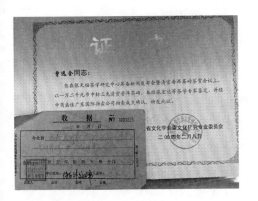

3克清宫普洱茶砖拍卖收据与证书。
迎春茶行/供图

也没关系，他将用来收藏。

张宏达教授也表示，这个价位是很值得的，因为这块茶砖的价值已经不仅仅是普洱茶本身，而且还具有历史价值。⑩

2020年9月23日中午，杨盈带我拜访曾远全。曾远全先是冲泡1996年的玫瑰大益，后来估计是开心，又冲泡88青给我们喝。聊起当年的拍卖，曾远全直接拿当时报道此次拍卖的《广州日报》给我——赠送给我。一晃，已经十六年，不止容颜改，连当时很多普通的茶也变得越来越高攀不起了。

2004年11月22日，《羊城晚报》A8版19日至是日，分别报道"2004年中国茶·广州（国际）采购年会"在广州南方茶叶市场召开。云峰公司送评的普洱金毫获得普洱散茶王，以每500克4300元的价格被拍卖。⑪

【本刊讯】 6月16日，由中国茶叶学会、广东省茶业行业协会、广州茶文化促进会、广州市经济贸易委员会、广州市芳村区人民政府主办的2005广州（国际）茶博览交易会在芳村南方茶叶市场拉开帷幕。⑫

⑩ 李婧.3克普洱茶砖拍出12000元[N].广州：广州日报，2004-2-9（A4版）.

⑪ 广州市芳村区地方志编纂委员会.芳村年鉴2005[M].北京：中华书局，2005：23.

⑫ 广州：广东茶业，2005，2：48.

2005 广州（国际）茶博览交易会暨
第四届全国名优茶质量竞赛结果

铁观音类：

优质奖

茶师傅茶业有限公司·······················精茶

金奖

金福华茶厂·······························春茶铁观音

广州市万文茶业有限公司···················春茶铁观音

广州芳村华南茶业行·······················春茶铁观音

安溪景兴茶厂·····························正味香铁观音

茶王

南轩茶行·······························清香铁观音

普洱茶类：

银奖

云南双雄茶厂·····························布朗山青饼

金奖

云南勐海郎河茶厂·························六山特制青饼

云南勐海郎河茶厂·························御用圆茶

广州誉峰茶业有限公司·····················誉昌同庆（青饼）

云南双雄茶厂·····························陈年宫廷普洱

云南双雄茶厂·····························班章青饼

云南老普茶行·····························银毫沱茶

广州穗宁茶行·····························宫廷普洱

西双版纳皇贡茶厂·························古贡野放青饼

云南勐海鸿福茶厂·························"老倌头"普洱贡品

南轩茶行·······························醇香饼茶

广州番禺德利茶业···················93 中茶熟普洱饼
广州陈氏石溪茶叶贸易有限公司········05 纯班章散茶

绿茶类金奖：

丰顺东升农副水产有限公司············鸡心山云雾绿茶

花茶类金奖：

广州誉达茶业有限公司···············龙珠花茶

红茶类金奖：

厦门市恒顺利贸易有限公司············金毫红茶

武夷岩茶类金奖：

村野茶业有限公司··················大红袍
茶之友茶行······················大红袍
东升茶业有限公司··················老枞水仙

乌龙类茶：

银奖
山富企业有限公司··················清香型冻顶乌龙茶

金奖
春日池茗店······················熟香型冻顶乌龙茶
廉江市茗皇茶业有限公司··············金萱翠玉

茶王
台湾春池茗茶····················蜜香型冻顶乌龙茶[13]

---

[13] 2005 广州（国际）茶博览交易会暨第四届全国名优茶质量竞赛结果 [J]. 广州：广东茶业，2005，2：49.

从获奖名录上看，2005 年时普洱茶已经成为芳村茶叶市场的主流茶，而铁观音依然还有一定的优势与地位。或许可以从某种角度来说普洱茶的位置还没有完全稳固。

以上资料为媒体报道的整理，有其正式性或者说严肃性，而我们也知道，类似报道缺乏某些关键内容；对芳村茶人（经历者）的采访则可作为媒体报道的一个有益补充。尽管有因时间相隔较长导致详细信息不精准的缺点，但依然值得记录，如此，可以相互交叉参考，也是一种印证。这样我们能更接近真实，接近曾经鲜活的现场。

F 先生说："在 20 世纪 90 年代，武夷山就搞过一次 20 克的大红袍古树茶拍卖；1996 年左右，在中国大酒店搞过一次铁观音拍卖，500 克拍了 12 万元；而 2002 年茶博会上的拍卖则是重点，也是普洱茶的一次转折点。拍卖之前，当时市场上做普洱茶的几家茶行与相关方在中心馆二楼开了一个会，讨论拍卖事宜，欲争夺'茶王'之名。

"当时很多做普洱茶的茶厂都派人携自己的好茶参与'茶王'的拍卖，重点是拍得'茶王'之名。后来，经过激烈竞争、业内人士的评选，最终某一家茶行送选的 100 克普洱茶以 16 万元拍得'茶王'。

"那一次拍卖，普洱茶拍卖价最贵，拔得头筹，力压群芳。那个年代的经济发展相对朴素，这也算是时代背景吧，所以中国的市场经济及行业经济发展到一定程度的时候，需要热点。当时普洱茶'茶王'的价格一拍出来，很多媒体的记者就过来采访，普洱茶在《羊城晚报》上了头条，很吸引眼球，引起社会的关注和兴趣，紧接着很多人都来芳村找普洱茶。因为'茶王'，带来铺天盖地的宣传，当时的新闻媒体集中宣传普洱茶；宣传普洱茶的时候，带出了普洱茶的另外一个属性——越陈越香，很多人因此闻到了钱的味道。当时的投资是很狂热的，很多商店就开始卖普洱茶，本来之前没有接触过普洱茶的人也开始试着了解普洱茶了，本来之前没有卖普洱茶的人也开始卖普洱茶了。市场一下子就活跃了——普洱茶进入了更为广泛的视野：消费者、经营者与社会资本。

"拍卖上的出名，普洱茶一下子就从默默无闻的基础茶提升到公众关注的明星茶，有了升级为高端茶的可能。现在的普洱茶就是当时的铁观音，世事轮回，调过来了。"

广州茶博会五大"茶王"新鲜出炉

100克普洱拍出16万天价

本报讯 记者杨媛、通讯员黎志荣摄影报道：昨天下午，第二届广州茶博会优质茶评比大赛结果揭晓，铁观音、单枞、武夷岩茶、普洱、毛蟹茶5大"茶王"新鲜出炉。

据悉，本次优质茶评比大赛共收到来自全国各地110多茶叶厂家送评的183种茶叶。广州天宇行茶业有限公司的醉贵妃、誉峰茶厂的黄枝香单枞、星愿（武夷山）茶业有限公司的肉桂茶、云南思茅古普洱茶业有限公司的宫廷普洱茶、昌发茶厂的毛蟹茶分别夺桂。原来准备评出"茶王"的绿茶由于客观原因只评出金奖和优质奖两个奖项。

随后，本届茶博会新评出的普洱、毛蟹两大"茶王"在现场进行拍卖。100克毛蟹"茶王"和普洱"茶王"分别拍出了6.8万和16万的天价。两大"茶王"均以1万元起拍，经过激烈的竞投，毛蟹"茶王"被清远市某茶庄老板苏先生以6.8万元高价投得。苏老板称其主要经营毛蟹茶，本人也十分钟爱口感清纯的毛蟹茶，今天以6.8万元的高价买下100克"茶王"，他连声称值。普洱茶的拍卖一开始，现场气氛更加热烈，顺德的梁先生最终以16万元天价竞得。他说，普洱茶讲究放得越久越好，适宜保存。所以他不会把用"茶王"当普通茶一样喝了，而是放在自己经营的店铺，供新老茶客们观赏。

普洱茶王获得者代表"捧杯"

拍卖会的相关报道。图片源自2002年11月25日《羊城晚报》A6版。

《中国新闻网》报道：

五大"茶王"广州呼之欲出
拍卖身价拭目以待

中新网11月24日电 24日下午，五大"茶王"将在广州举行的茶博会茶王评比活动中新鲜出炉，并进行拍卖。

据羊城晚报消息，去年12月，广州国际茶文化节进行了首次"茶王"评比大赛及拍卖活动，评出武夷岩茶王、单枞茶王和铁观音茶王，而其中被评为铁观音"茶王"的100克茶叶由顺德一茶艺馆的老板出价12万元拍走，一时间在羊城掀起波澜。

今年，广州茶博会对"茶王"的评比扩展到绿茶和普洱茶，24日下午就将产生铁观音、单枞、武夷岩、绿茶、普洱等五大"茶王"。

据悉，关于茶王的评比大赛正在由中国"茶界泰斗"张天福先生等国内著名的茶专家组成的评审团展开，下午14时30分开始就将揭晓五大"茶王"并进行拍卖。[14]

《广州日报》报道：

2002年11月25日 《广州日报》报道：24日广州市第二届茶博览会评出五大"茶王"。"茶王"是从来自全国各地110多家参赛茶商选送的183个品种的优质铁观音、单枞、武夷岩、普洱和毛蟹五大系列中评选出来的。组委会将获奖的五大"茶王"中的毛蟹茶王和普洱茶王各拿出100克进行现场拍卖，100克毛蟹茶王以6.8万元成交，100克普洱茶王以16万元成交，成为茶王中的"茶王"。[15]

《羊城晚报》报道：

广州茶博会五大"茶王"
新鲜出炉100克普洱
拍出16万天价

本报讯 记者杨媛、通讯员黎志荣摄影报道：昨天下午，第二届广州茶博会优质茶评比大赛结果揭晓，铁观音、单枞、武夷岩茶、普洱、毛蟹茶五大"茶王"新鲜出炉。

据悉，本次优质茶评比大赛茶共收到来自全国各地110多茶叶厂家送评的183种茶叶。广州天宇行茶业有限公司的醉贵妃、誉峰茶厂的黄枝香单枞、星

---

⑭ 杨媛，黎志荣．五大"茶王"广州呼之欲出 拍卖身价拭目以待[EB/OL]．北京：中国新闻网，2002-11-24．https://www.chinanews.com.cn/2002-11-24/26/246586.html.

⑮ 广州市芳村区地方志编纂委员会．芳村年鉴2003[M]．北京：中华书局，2003：13.

2005 年时，普洱茶已风靡珠三角地区，市场先热起来后，才会有观察者的总结。
《广东茶业》2005 年总第 93 期。杨春／摄

拍卖会的相关报道。图片源自 2002 年 11 月 24 日《羊城晚报》A5 版。

愿（武夷山）茶业有限公司的肉桂茶、云南思茅古普洱茶业有限公司的宫廷普洱茶、昌发茶厂的毛蟹茶分别夺桂。原来准备评出"茶王"的绿茶由于客观原因只评出金奖和优质奖两个奖项。

随后，本届茶博会新评出的普洱、毛蟹两大"茶王"在现场进行拍卖。100 克毛蟹"茶王"和普洱"茶王"分别拍出了 6.8 万元和 16 万元的天价。两大"茶王"均以 1 万元起拍，经过激烈的竞投，毛蟹"茶王"被清远市某茶庄老板苏先生以 6.8 万元高价投得。苏老板称其主要经营毛蟹茶，本人也十分钟爱口感清纯的毛蟹茶，今天以 6.8 万元的高价买下 100 克"茶王"，他连声称值。普洱茶的拍卖一开始，现场气氛更加热烈，顺德的梁先生最终以 16 万元天价竞得。他说，普洱茶讲究放得越久越好，适宜保存。所以他不会把用"茶王"当普通茶一样喝了，而是放在自己经营的店铺，供新老茶客们观赏。⑯

不巧的是，在普洱茶进入快速上升通道的时候，负面"新闻"来了，即 2005 年的"猪圈事件"（有人发布普洱茶猪圈发酵的不实信息）。好几位资深的茶人都说这件事当时确实很闹心，更担心，害怕整个消费群体排斥普洱茶。好在很短的时间就过去了。这或许就是

⑯ 杨媛，黎志荣. 广州茶博会五大"茶王"新鲜出炉 100 克普洱拍出 16 万天价 [N]. 广州：羊城晚报，2002-11-25 （A6 版）.

拍卖会的相关报道，图片源自 2002 年 11 月 26 日《羊城晚报》A6 版。

现在所说的风口吧，普洱茶的势头来了，谁也顶不住，市场就稍微调整了一下，很快就过去，没有造成大的影响，大家重提普洱茶的热情，这也从一个角度说明普洱茶在行业、市场的地位日趋稳固。

2000—2005 年的茶博会、拍卖及其各种各样的金奖、"茶王"，虽然不能说完全对得起价格，但至少比今天的含金量要高。茶博会及其拍卖，与当时的社会环境，尤其是信息传播有着重要的关系。当时的茶博会算是新兴产物，至少具有一定的稀缺性，没有像现在的普及；再结合当时的生活水平与物价，拍卖所带来的关注度是极高的。

持续的茶博会及其拍卖，让普洱茶赚足了眼球。当时处于纸媒的黄金时期，报纸、杂志是普通人获取信息的重要方式，网络是其有益补充，所以当时广东地区的诸多主流媒体都加以报道，普洱茶从而获得了更大范围内的持续性的关注，吸引了很多人留意普洱茶，并最终为 2006—2007 年 4 月的市场暴涨做了准备，同时也为 2007 年 4 月的市场崩盘做了注脚。

惊心动魄的
2007 年普洱茶崩盘

不经历大挫折，不足以谈成熟。行业如此，市场如此，人亦如此。2007 年普洱茶崩盘事件，可谓洗礼，也是普洱茶交易走向成熟的元年。

涅槃，是为了重生。

好茶自有大益
——勐海茶厂·中国云南西双版纳

大益牌

中文网址：云福春

云福春

大益普洱茶为何如此诱人？（一）

陈波　云南勐海茶厂"大益牌"普洱茶特约经销商
　　　云南 云福春 茶业有限公司总经理

提及普洱茶，就不能不说起"大益"和勐海茶厂，勐海茶厂集66年的研究、生产之经验，创造出驰名海内外为天下茶友广为赞誉的"大益牌"系列普洱茶，品质卓越，举世公认，是云南的骄傲，也是中国茶叶的骄傲。

近两年的中国各种类型的茶叶博览会上，云南普洱展区无疑是重头戏，而纵观整个会场，勐海茶厂的"大益"普洱展台则是重中之重，商家对大益趋之若鹜，争相品云、定购，大益货品紧俏是行业内共知的事实，"大益"展台几乎是每届茶博会上最耀眼的明星。勐海茶厂创办于1940年，今年是勐海茶厂66周年大庆，勐海茶厂66年研制大益普洱的发展史是一部耐人回味的历史。

2006 年，我在昆明做杂志的时候，已经能看到多家普洱茶品牌在杂志上投放广告。那个时候，云南的商业地产如火如荼，大理、丽江、腾冲、楚雄等地的商业项目密集在杂志、户外投放广告。图为大益茶经销商云福春投放的广告，源自《香巴拉》杂志 2006 年。

经历过战争的人，最害怕的是战争

"经历了战争还有什么会害怕呢？"这是电影《猎鹿人》的经典台词，乍一看，还以为经历了战争后会什么都不怕。如果这样，那就不是载入经典的《猎鹿人》了，更不是导演迈克尔·西米诺思想的光芒。影片的开始是一场婚礼，导演越是以大手笔安排，其场景越是盛大、欢快、美好，结局就越痛苦、无助、悲伤，所带来的强烈对比让人无法回避，甚至让人窒息，但又如雪地之中隐隐的生灵足印，让人看到希望，看到未来。

这份希望，之于《猎鹿人》，是以人性的角度来透视生存价值、意义与友情的珍贵；之于芳村茶人，准确地说，是经历过2007年普洱茶市场第一次洗礼而坚持下来的芳村茶人，是以理性的心态来看到普洱茶的价值：经营一份事业、选择一个行业、梦想与现实之间的平衡。因为，经历过战争的人最害怕的是战争，经历过2007年普洱茶市场第一次洗礼的茶人最害怕的是第二次、第三次洗礼。对此，当然不能说胆小，这是血的教训，更是一笔值得正视的财富，同时也是战争的价值、洗礼的价值。忘记历史的人没有未来，所以2007年普洱茶的洗礼不应该被普洱茶人忘记，可是，"拒绝香槟的人也等同拒绝生存"。

从计划经济到市场经济，再到金融经济，芳村茶叶市场可谓是中国经济发展的一个缩影，不同阶段、不同层次的交易方式在这里次第花开，并成为茶叶（包括普洱茶）的集散地、交易中心。一片树叶的轻盈所蕴藏的，是改革开放所带来的经济活力、珠三角崛起史；一杯普洱茶汤所承载的，是消费升级推动商业高速发展的见证。

如硬币的两面，芳村茶叶市场也接受了普洱茶金融化开始的洗礼——崩盘，代价不可谓不大，但犹如凤凰，经历涅槃，是为了重生，为了更好地发展。

从枝头坠落的红棉花。杨春／摄

记忆过往，
是为了更好地前行

古桥茶街附近的五眼桥，走在石板上，如同穿越历史。杨春／摄

2020年9月，芳村的气温相比7月的三伏天，已经明显温柔了许多、宜人了许多，突降的雨终于让地面不再冒烟了，终究像一场雨了。雨也有了雨的样子和尊严，就像市场、普洱茶行业有其自己的规律一样，那双无形的手一定会以某种方式让你对其敬畏，并记住它，且影响或影响过你的生活。

对于十三年前的普洱茶崩盘，经历过的人始终心存敬畏。今天再次聊起，他们无一例外地都能讲述很多很多，只需几秒钟，思绪就能飞扬、往事就能还原，宛若那次惨重之役被人们收藏起来、放置于身旁的储物柜，打开的时候就是还原的时候。讲述里，既有普洱茶交易价格飞涨所带来的精彩场面的兴奋，也有普洱茶交易暴跌所带来的沉重的感叹，恰似他们经历过的一场战争，语气里尽是平常，却又处处透着惊心动魄的气息。唯有经历过的人，才会如此。

尽管只是言语的描述，对我来说，却如一幅幅画卷无缝拼接成一部鲜活的电影。因为他们讲述了很多细节，所以这部只能听的电影依然格外过瘾：在芳村茶叶市场的大街小巷，有人骑着自行车赶往下一家档口，有人匆忙地用电话询价、报价，有人在吃力而开心地搬运一件件普洱茶……

在他们的讲述中，记忆如此清晰，仿佛不曾远去，仿佛就在昨天，就在眼前。我们可以说，这从侧面验证了2007年对普洱茶人、对普洱茶交易市场及整个行业的重要性，或许是崩盘之前一路飞涨的价格让人无法忘记，确确实实带来了巨大的财富，极大地改善了生活条件，甚至是命运；或许是崩盘之后暴跌的惨状让人无法忘记，也确确实实让很多人的财富大幅缩水，改变了他们的生活轨迹，甚至是让一部分人出局，市场残酷的一面让人刻骨铭心。

而刻骨铭心，才是经历者对2007年崩盘最大的感受，是教训，是警醒，是后来的理性与谨慎，亦是芳村茶叶市场的变化，直接而迅猛，一如洞企石路之名，本就是竖起一块石头作为两地的界碑之意，而2007年，即为芳村茶叶市场的界碑，甚至说成是整个普洱茶行业的界碑也不过分。

十三年后的今天，再去记忆过往，也只是为了更好地前行。

失控的上涨：
连他们都感到害怕的上涨与利润

在 2006—2007 年崩盘之前，芳村普洱茶市场火爆，最直接的表现即是价格，一路飞涨，上涨的次数之多、涨幅之大，连多年在芳村经营普洱茶的资深茶人、茶商都觉得惊讶，甚至感到害怕。

2020 年 9 月 19 日，我在芳村采访时，有朋友帮我约到了俞培景。其实是帮我约人收集采访素材，就约在茶博园，大家一边喝茶一边聊天，很热闹。俞培景2006年之前在网吧做网管工作，2006 年来到芳村茶叶市场，刚好赶上这一波行情；他刚来芳村时不熟悉市场，但迫于生活需要，就先找了一个落脚点，在一家普洱茶档口打工，每天干的工作就是洗茶杯、打包、做杂活，顺便学习普洱茶知识。

俞培景语速奇快，跟机关枪一样，隐约透着豪爽的性格。他说："2006年 6 月普洱茶的价格开始快速上涨，满大街都是普洱。东莞的茶商开着卡车来芳村收购普洱茶。卡车就在芳村不停地转，开着大喇叭宣传。我自己刚来芳村，还以为这是搞传销，哪有这种好事？

这一波行情，从 2006 年 6 月开始，到2007 年崩盘之前，经历了九个月的暴涨，包括过年的时间，很恐怖。大益 7542在 7 月的时候一件茶几天就能赚 200 块钱，到 10 月的时候上涨更快。2007 年3 月，下关的甲片，一天就能涨几十块。当时我自己是和其他人合伙，行情涨到员工拿钱给老板娘委托买茶。当时搬货，一件茶84片，一天几十件，能把人搬死；工资又低，所以行情是很诱惑人的，抵都抵不住。不过，当时没有现在这么多倒手，赚钱比现在容易。我自己是帮别人买，资金在 100 多万元。"

朋友印象深的是中茶的绿大树，就几天的时间，一件茶就从 6500 元涨到8500 元，而当时的行情是所有的普洱茶都涨价。

2020 年 9 月 20 日下午，在连生的店里。他说："2006 年七八月，一件大益普洱茶的价格在 4000 块钱；到年底，准确地说，是过完年回来，价格就变成 6000—7000 块。哇，那可以赚很多钱了！后来到 8000、9000 块，一直

现金收购

1980 修正 1986	1942 修正 1951
班禅紧茶	中茶早期 红印圆茶
现金收购 1000 元 （完整内飞）	现金收购 16800 元 （原版原包装）
1972 修正 1987	1967 修正 1973
临沧银毫沱茶	销法盒砖
现金收购 250 元 （第一批大碗口）	现金收购 1200 元 （原装版）
等待修正 恳请指教	若有更明确的建议或答案，请告诉我们，因为存真求实是大友普洱茶博物馆的责任更是态度，

2005 年芳村普洱茶交易市场一瞥，当时的交易是现金，所以图中有"现金收购"四个字。晓德书店／供图

上涨，很快就破 1 万元。到 1.1 万元、1.2 万元的时候，我顶不住了，觉得太恐怖了——你要知道，我们以前做生意，一斤茶就赚几毛钱、一块钱。这个对比是非常强烈的，所以我感受到了害怕，这样子上涨太可怕了，心惊胆战。但我的员工说不怕，外面的市场还很热，大家都在抢（普洱茶），还会涨价。我跟员工的关系比较好，就说我顶不住了，让他决定卖还是不卖。他选择了不卖，我就一路忍着。忍到 1.6 万元的时候，我果断卖掉了，最后那批普洱茶是涨到了 2 万多元。

大益产品。友福茶叶／供图

"我的一个朋友在 2007 年 3 月中旬找到我，帮他进了一批价值 70 多万元的茶——大益茶。这批茶在后面的 20 天价格翻了一倍。下关茶更牛，或许可以说，当时行情最疯狂的品牌就是下关茶。一个沱茶从 4 块钱噌噌噌往上涨，价格涨了 10 倍，涨到了 40—50 块；2006 年年底，一件下关甲级沱茶从 1000 块上涨到 1 万块，所花的时间在半年左右。"

2020 年 9 月 25 日下午，观光路。陈泽丰也从他自己的经历验证了当时下关茶的火爆。他说："当时我们炒作的是下关的沱茶，1000 克一条（装）。我们这拨人，真正赚得多的，还是下关茶。"

连生说："这一波上涨的行情中，进入最疯狂的时候是 2006 年春节过完，即第二年年初芳村茶叶市场开市。一天几个价，早上是 5000 块，中午是 5500 块，下午是 6000 块。

"现在我还记得一个插曲：2006 年年底，除夕前一天，有一个人卖了一批大益茶给我，是 612 批次 7572，竹筐包装的。他打电话给我，说今年最后一单生意关照我，卖了 10 件给我，价格是 6800 块一件。因为当时临近除夕，

芳村茶叶市场里搬运的工人已经回家了，他就自己弄一辆三轮车将那 10 件大益茶送过来给我，结果不小心扭到了腰。过完年后，到初八那天，芳村茶叶市场开市，他又打电话给我，说去年最后一单生意给我做，今年第一单生意还给我做，意思是要买下之前他卖给我的那批茶。当时那款大益茶已经报价 8000 块了，我就决定放弃这笔生意，一是当时的价格信息没有那么灵通，二是也与第一天开市有关。最经典的是，2006 年年底的那 10 件大益茶，到 2007 年 5 月的时候，我还是卖给了他，并且还是他上门来提货，成交价是 1.68 万元一件，等于那 10 件大益茶就赚了 10 万块。那个人走进店里就抱怨我，说你什么都没做，他自己还搬来搬去，一件茶赚一点点。当时的行情是 1.7 万元，他一边摇头一边抱怨，说自己是干活的命。"

那天在德心茶行，连生给我冲泡的，刚好是一款大益茶。虽然汤好韵足，但在采访的那一刻，茶汤显然没有聊天的内容有吸引力。他沉湎于当时的精彩回忆，我专注于内容的快速记录。他特别强调："我说这个插曲，表达的是当时这个市场的氛围。"嗯，很感人。

失控的上涨:
只要名字叫普洱茶都好卖

2006—2007 年崩盘之前的这一波行情中,普洱茶可谓风头正劲。芳村茶叶市场的普洱茶交易用"火爆"来表述或许都不够贴切,用"疯狂"可能更符合当时的市场状态。

2020 年 9 月 25 日下午,陈泽丰说:"当时整个市场,所有参与的人都是疯狂的,所有的人。现在想起来,那种场面就跟放电影一样,历历在目。那个时候,赚钱比现在容易得多。只要参与,不用去想(风险),都能赚钱。很简单,因为整个大盘(行情)都是往上拉的,有时候睡个觉醒来都会报错价格——又涨价了!价格不断上涨,一天好几个价格。那个时候没有微信,也不用 QQ,都是用电话报价、做生意,电话还是诺基亚的时代。"

对于当时的联络方式,在 2020 年 9 月 20 日下午的采访时,连生也补充说:"都还没有用 QQ 群,都是选择打电话。"

当时的普洱茶有多受欢迎呢?现在回过头去想,都觉得不可思议,觉得不正常,不符合市场规律、产业规律,但,却又是事实,是曾经发生过的真实经历。

2020 年 9 月 25 日上午,古桥茶街。杨盈说:"当时很多普洱茶品牌都大涨,下关、中茶、大益、昌泰、黎明、南峤等等,只要是普洱茶,都好卖。"

连生说:"当时市场人来人往,满街都是单车,满街都是人,都在炒茶,都是普洱茶。大益、下关等老品牌开始热起来,后来是中茶、南峤等,市场发展到有钱买不到茶。当时的行情是不管好坏(普洱茶的品质优劣),都能在市场上交易。"

陈泽丰说:"2007 年(崩盘之前),所有叫普洱茶的都爆了,哪怕是散茶,都有人抢;只要你的茶叫普洱茶,不是好卖,而是火爆,甚至是其他茶改成普洱茶的,也都好卖。

"当时的行情，从品牌来说是下关、中茶的比较好。当时下关的档口，是一天一车货，五十铃那种货车。我自己是从下关经销商那里进货，价值几十万块钱的一车货，货还没有到店里，茶就卖完了。经销商有配额，比如甲级沱茶有100吨的量，他喜欢给谁，就可以开批条。比如一件茶外面卖1万块，批条上就是8000块，转出去就能赚2000块。当时生意火爆到需要排队、等待，所以有些品牌的经销商会说自己汽车的轮胎旧了，于是就有人帮忙开车去换新的轮胎；有的经销商会特别主动说自己喜欢抽中华烟，于是就有人专门买整条的中华烟给经销商，这样就能拿到批条，而拿到了批条，就等于拿到了钱。这一波行情从2006年年头开始（好转、上涨），到2007年4月中止，称为普洱茶的红利期。只要是普洱茶就好卖，我自己赚得最多的就是下关。"

我在2020年9月19日采访俞培景时，他也认为当时下关茶涨价最厉害，说："以前的行情跟现在的行情不同。以前是不验货的，只要打着'普洱'这两个字，都有人要，谁管你里面是不是普洱茶。各个普洱茶品牌的生意都好，包括下关、黎明、福海、老同志等，但下关最抢手，最赚钱。"

中茶2006年大树圆茶。林鹏源／提供

下关沱茶。简一茶业／供图

失控的上涨：
批量制造财富的机会

这样的火爆行情，毫无疑问，也是批量制造财富的机会。

2020年9月25日上午，杨盈说："2006年到2007年暴跌之前，芳村造就了很多富豪。"

2020年9月20日下午，连生说："2006年，整个芳村茶叶市场的私家车并不多，都数得出来，很多人都是骑自行车，骑自行车的占绝大多数。过去，很多自行车的前面会有一个装菜用的框。当时芳村茶叶市场里的自行车框放的都是现金，用袋子一装，就那样放着，那样在市场里骑车。当时市场里的茶叶交易都是习惯用现金。银行过账的很少，当时的主流也是现金，现金让茶叶交易的感觉更实在。使用现金也有缺点，一是麻烦，二是怕遇到假钱。当时市场里的人数钱都数不过来，有一定交易规模的档口，钱都是用纸箱装。所以家家户户都买了验钞机，这样，一来是可以防止假钱，二是验钞的速度比较快。"

2020年9月19日，茶博园。老马还原的现场也比较鲜活，甚至更为形象。他说："当时有一种帆布包，一个包刚好可以装43万元的现金，所以有些人喜欢用那种包来装现金，比较实用，因为当时很多交易都是用现金。当时很多人都来炒茶，所以最烦的就是处理现金，要不停地存钱、不停地取钱；每天要去银行取一个号，就是洞企石路的交通银行。时间长了就摸索出经验来了，知道几个小时能轮到自己，挨晚一点也要去银行存钱。当时的银行卡可以多办理几

2002年8月，第一台斯柯达速派 2.8 空运到国内，当时的斯柯达被定位为高档车引进国内。那个时候，雷克萨斯不叫雷克萨斯，而是叫凌志；沃尔沃不叫沃尔沃，而是叫富豪。图为2002年11月20日《羊城晚报》C2 版刊发的斯柯达速派汽车广告。

张，这样比较方便，ATM 柜员机也可以存钱，但也麻烦。"

2020年9月25日下午，陈泽丰说："当时是现金交易，我自己的验钞机都烧坏了。傻子都能赚钱，你敢买就可以了。

"我记得特别清楚，我是在2007年1月1号买了房子，就在芳村茶叶市场旁边，8800元一平方米，在当时已经属于价格比较高的了。在这一波行情之前是不敢想的，但（购买之后）还是

觉得压力很大。到了4月，崩盘之前，普洱茶价格暴涨，就没有压力了。四个月的时间改变了很多东西，已经见证了一段行情，或许也可以说见证了芳村茶叶市场的一段历史了。很疯狂，现在回想起来还是觉得疯狂。"

陈泽丰在2003年年末至2004年年初开始做普洱茶。他说："在做普洱茶之前，没敢想有房子。"而普洱茶改变了很多人的命运，尤其是芳村茶人，包括陈泽丰自己。因为这一波普洱茶行

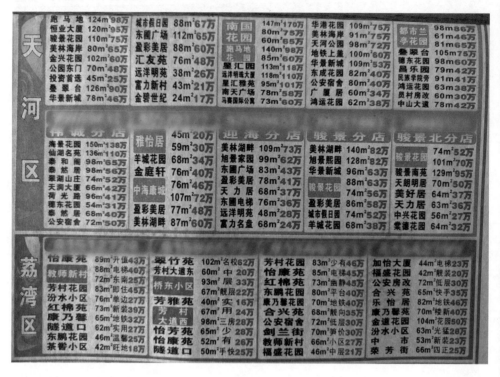

2007年5月15日《羊城晚报》D1版刊登的广州房产价格信息，这样一对比，或许对当年普洱茶行情暴涨所带来的财富就有了一个直观的感受。杨春／摄

情暴涨的缘故，陈泽丰除了买房，还买了几十万元的凌志轿车（即现在的雷克萨斯，在过去，人们更习惯将雷克萨斯称为"凌志"，包括我自己也对此有印象）。2006年中秋后，陈泽丰选择分家，自己独立出来做茶，没有多少钱，但还是于当年花了十万多元的钱买了一辆车——当时备受社会欢迎的菲亚特西耶那，在当时的芳村茶叶市场也算是不错的车子。

2006年，陈泽丰的一位深圳朋友问陈泽丰："你最喜欢什么车？"陈泽丰说："帕萨特，如果我自己有一辆帕萨特就好了。"紧接着，他还跟朋友说，觉得买奥迪的人有点傻，帕萨特有奥迪的机头（发动机），意思是帕萨特已经很不错了，干嘛要花更多的钱去买奥迪。相隔多年后，我在采访陈泽丰时，他依然坚持说："当时确实觉得帕萨特是很不错的车子，如果当时能有一辆确实很

2007 年 6 月 4 日发行的《中国新闻周刊》特别策划专题"普洱的盛世危言"。杨春／摄

知足。"

巧的是，连生也认为买奥迪不值。当时他的朋友去看奥迪，结果销售人员觉得他朋友没钱，不愿意搭理。他朋友转身就去看斯柯达（2006 年 9 月，斯柯达正式进入中国市场，成为继大众和奥迪之后，大众集团旗下第三个在华投产的汽车品牌），最后发现（进口斯柯达速派）很多部件是跟奥迪一样的，于是买了斯柯达速派。当时这款车的价格并不低。在朋友的影响下，连生随后也买了斯柯达速派。一年后，斯柯达第一代明锐在国内上市（2007 年 1 月，斯柯达明锐以上汽大众第 350 万辆下线新车的身份正式亮相，并于同年 7 月上市）。

陈泽丰说："在 2007 年之前，即使别人掐住自己的脖子，我也不敢想 50 多万元的凌志。"因为那一波普洱茶行情，芳村的茶人都赚到了钱，陈泽丰也喜提新车凌志。幽默的是，那位朋友后来坐他的新车，问他新车什么感觉，陈泽丰说："刹车有点软，没有宝马好开。"那位朋友就很生气："你去年说帕萨特，还说奥迪是帕萨特的机头，今年是 50 多万元的凌志。"

时隔多年，陈泽丰感慨地说："当时很膨胀，而自己都忘了，忘了风险、市场规律，忘了做茶的初心。现在是无法想象的。"

失控的上涨：
膨胀与经典的话

行情上涨到超过很多人的想象，且极快。陈泽丰说："从街的这头走到那头，茶叶的价格就变了，就上涨了。现在看，很不可思议。"

不可思议到，外围隔行如隔山的很多人加入进来。

2020 年 9 月 20 日下午采访连生时，他说："2007 年崩盘之前，连市场里的三轮车夫都在炒普洱茶。不止市场里的，连市场外的都进来，芳村卖鱼的、卖虾的、卖肉的，听说普洱茶能赚钱，一来就买走了。当时，很多人是要茶叶、不要钱，能抢到普洱茶就好；连经营其他茶类的都来炒普洱茶，连不喝茶的也进来，只要是普洱茶，他们就敢投资；只要你提供一款普洱茶的绵纸设计，都能吸引一些投资客；甚至，普洱茶饼还没有压制，只是准备要做，就已经卖了。

所以某品牌的一款普洱茶，是在 2007 年崩盘之前卖出去，但一直到 2008 年的时候才交货……

"大家已经失去了理智，都不会去认真品鉴普洱茶的品质。

"2007 年，芳村还有最经典的话，你知道是什么吗？在市场最火爆、行情处于最高峰的时候，他们会说'我这 5 件茶不卖，我要留给儿子娶媳妇，给我女儿作嫁妆，要留给自己老了作退休金'。当时这样的心态是比较正常的，很多人都这样说，很经典，也很普遍。比如当时有 50 件大益的 0562，7000 元一件，最后选择只卖 45 件，要留 5 件。而这批茶到最后涨到 2 万多元一件，但崩盘后跌到 4000 多元一件。"

这样经典的话语，现在来看似乎是

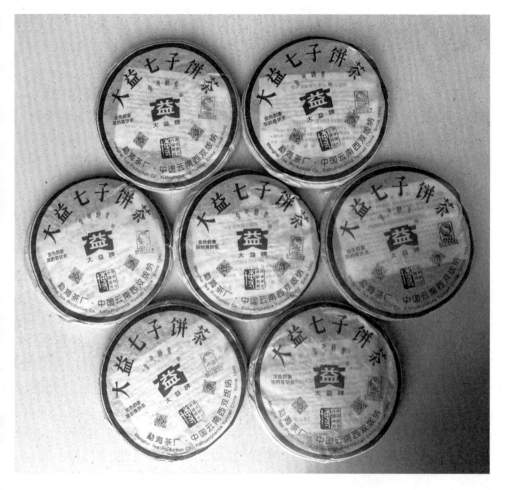

大益 501 金色韵象绿色版。友福茶叶 / 供图

一个笑话，但我们不应当作是笑话来对待，而是具有参考价值，它反映了人们曾经的心态，包括对行情与未来；我的理解是，他们不是惜售，而是短期内已经不在意那 5 件茶的钱了，应该也有长期看好行情之意。只是，市场是残酷的，并不会按照自己的设想发展下去，当膨胀到极限时，是会炸裂的，而这，才是悲喜交加的现实。

崩盘的征兆

芳村普洱茶行情好得如此不正常，且持续的时间也不短，就像泡沫，总会有破灭的时刻。沉浸在收获红利的人们似乎忘记了危机的袭来，就像地震，总是有征兆的。

在2020年9月25日上午采访杨盈时，他说："2007年4月，景洪市开边贸会，当地还过泼水节。大益的旗子在升上去的时候突然掉下来，很多人说这是一个征兆。"

在2020年9月25日下午采访陈泽丰时，他说："崩盘是在思茅地区改为普洱市那段时间（2007年4月8日零时起，思茅市正式更名为普洱市，即崩盘发生在改名之后）。改名的时候当地开会，人很多，毕竟是大事件，会开着开着的时候突然天降冰雹，有人用凳子反过来顶着，以此防冰雹；参会的一个人是我的朋友，他到机场后，就叫我赶快跑（出货，从市场撤离）。

"崩盘之前，有很多媒体来芳村茶叶市场报道过，包括央视的《经济半小时》。《新快报》采访过我关于芳村普洱茶暴涨的行情。采访的时候有一位客人在我店里喝茶，当他知道媒体采访芳村普洱茶行情后，很淡定地说'赶紧跑'。这也说明了我们这个群体，甚至是周围的人当中还是有人有敏锐性的，不是所有的人都盲目、疯狂。

"记得应该是泼水节的前一天开始崩盘。当时西双版纳过泼水节（2007年4月13—15日），我和朋友组团去勐海参加泼水节，还去了缅甸。本来第二天是泼水节，但我自己在那天熬不住了，就赶紧先飞回广州。回来的第二天就开始卖中茶，有100多件。当时的行情是3700多元一件，但有点难卖，不是那么容易出手，最后是卖给了隔壁的同行——赊账，先给了10万元，尾款就约定赊账。按照当时的行情，是不可能赊账的，但我还是很爽快地答应了，结果最后那款茶跌到700多元一件。

"我们这波人，做不到先知先觉，但能做到现知现觉，强于后知后觉。崩盘之前，十多个朋友在一起吃饭，其中一位朋友做了一个动作：写了一个'炒'字。这个字分开是什么？当时已经有了市场崩盘的意识，算是警醒。"

大益班章乔木生态饼茶。友福茶叶／供图

失控的崩盘：
跌进深渊，跌到心碎

《猎鹿人》的开始有多盛大、欢快，结局就有多悲凉、苦楚，所以我没敢看第二遍。就像经历过 2007 年普洱茶崩盘的芳村茶人一样，不敢想如果这样的事件再来一次的后果。

当时，芳村普洱茶上涨的行情犹如断了线的风筝，不再受控，那么，下跌也不再受控，最终成为所有参与者的噩梦；当价格如泄洪般下跌时，很多参与者措手不及，其速度之快、跌幅之猛、跌势之凶，让很多人还来不及反应，暴涨的行情盛宴就戛然而止，犹如黄粱一梦，梦醒，心碎。

在 2020 年 9 月 25 日上午采访杨盈时，他说："2007 年 3 月左右，邓国（佰年尚普茶业创始人）开完上海茶博会后，回到东莞开茶博会，普洱茶价格就开始跌了。2007 年 4 月 15 日是明显地跌，大幅度地跌。到 4 月 17 日最明显，是暴跌。我自己主要是做下关和大益，下关最先跌；不到 24 小时，大益就跟着掉下来；接着是其他品牌，所有的普洱茶品牌都开始跌、持续跌。

"在 2007 年 3 月之前，南峤铁饼是 5000 元 / 件，一件有 42 饼，后来跌到 500 元 / 件。2006 年的大益 7542，从最高峰的 2 万多元一件，开始跌到 1 万多元一件，最后（2007 年年底）跌到 4000—5000 元 / 件。跌之前，下关甲级沱茶一件是 25000 克，里面的沱茶一个是 100 克，285 元 /1000 克，一件下关甲级沱茶的价格就是 285 元 ×25（=7125 元），每天跌 2000 元 / 件，这是急跌，即暴跌，肉眼可见的下跌。

"这种暴跌，谁受得住？急跌之后是阴跌，小幅度的跌、缓慢的跌。这种阴跌，我们也受不住，虽然说损失没有急跌大，但重创了市场的信心。做生意，最重要的就是信心，尤其是像芳村茶叶市场，市场的信心也是这个行业的财富。

没有了信心，就意味着后果严重，比价格下跌还可怕。"

在 2020 年 9 月 25 日下午采访陈泽丰时，他说："这场暴跌很惨烈，品牌茶就不用说了，连普洱茶毛料都跌得很惨，从之前的 70 多元 /1000 克，跌到 6 元多 /1000 克。"

2020 年 9 月 20 日，在采访连生时，他说："我一般是中午才来（芳村茶叶）市场。崩盘的前一天，我进来市场就感觉不对，从桥洞（芳村大道中紧挨着芳村茶叶市场的立交桥下，2021 年 8 月我来芳村的时候已经见不到了，已拆除）转过来就感觉不一样，但又说不上来哪里不对。崩盘那天，我还是 12 点后来市场，按照平常的印象，整条街（洞企石路）都是很热闹的，那天我的车开到桥洞的时候，发现整条街都看不到人，一下子就像过年放假，市场找不到人了。我才知道，崩盘了。从那天开始，普洱茶行情一路往下掉，就像掉进一个不见底的深渊。2007 年的这场暴跌，很多品牌的普洱茶价格是腰斩之后再腰斩，所以很多人亏死了。"

兴海普洱茶在交易市场上也比较活跃。大观茶业／供图

崩盘的十字路口：
幸运与倒霉，上岸与被套

有时候，不得不感叹命运。运气好与坏只是在刹那，可能连当事人当时都不知道，更不知做出何种选择，而是迷迷糊糊地就被命运眷顾了或者"过分"眷顾了，前者是幸运儿，后者是倒霉人——结局是上苍赐予的，不管愿不愿意，都得受着。

在2007年的崩盘中，幸运儿不多，倒霉人却很多。不过，每个人对幸运以及倒霉的理解可能并不容易达成一致，或者说，不太能达成统一的认知标准。全身而退是幸运，相比那些茶叶全部砸在自己手里，而损失三分之一、损失一半的人算不算幸运儿？崩盘之后能铭记教训、重新认知市场的人算不算失败者，抑或成功者？

在2007年的崩盘中，有的人的确非常幸运。2020年7月，我在芳村采访时，有一位经历过崩盘的茶人跟我说，他的朋友有几十件下关沱茶放在他的店里，崩盘的前一天有客人来买这批茶。已经看过几次了，并且这批茶还是朋友最喜欢的下关绿盒沱茶。差不多到下午五点了，当时已经接近打烊的时间，双方在协商要不要第二天再交易。但最后，这批茶还是在当天成功交易——朋友拿到了货款，而第二天，崩盘了！所以这位茶人觉得他朋友运气太好了。

2020年9月25日下午，陈泽丰说："我自己当时是选择做大益和下关，但量大的还是下关，我自己出了一半左右的下关茶。这一波行情，包括崩盘，对我们这个群体来说是上岸（脱险）的，（崩盘所带来的损失）只不过是获利回吐而已。我也有朋友被套住，没能上岸，8000多元／件调的货，并且量很大，整整100件。到第二天，没有人来了，一个都没有，100件茶完完整整就砸在自己手里了。"

2020年9月20日，连生说："对

下关沱茶。杨春／摄

我自己来说，85% 的茶叶都卖掉了，剩下的 15% 的茶叶都是老茶，我就不管了。"

经此一役，杨盈的身价缩水一半以上，而更多的人惨遭被套，且是长期被套，还不上货款、缺乏必要的周转资金，生意、生活均陷入被动。

对于没能登顶最高价位，而是选择在最高价位之前，也是崩盘之前出货，连生丝毫不后悔。对于这个操作，他给予自己较高的评价："我自己有一个优点是，（普洱茶）卖掉后，不再买回来。而很多人就是死在这个环节上——卖出去后，行情上涨，再买回来，很有可能会暴跌。我觉得自己在这件事情上干得比较漂亮。"

崩盘的反思：
从此记住 2007 年

古桥茶街里的大益店。杨春／摄

所有做普洱茶的资深茶人，都会记住 2007 年，记住崩盘。他们之前从来没有见过这样的大起大落，当然，后来（2021 年之前）也没有见过。

2020 年 9 月 25 日下午，陈泽丰说："相比 2007 年的崩盘，2005 年是小波浪。2006 年，我盘下这个店（即现在位于观光路的天鹰茶行），开始装修，最后营业，就刚好见证了2006年普洱茶行情一路上涨至2007年崩盘这段历史。2006年到2007年，是整个普洱茶行业的红利期，只要涉入这个行业的，就能赚钱。崩盘后，到2009年（行情）慢慢抬头，2010—2013年一直是慢慢上涨，跟2007年暴涨完全不一样。2013年年底，我跟做茶的老乡在一起聊天，说觉得行情要完（完蛋，暴跌之意）。我自己有感觉，从市场上的蛛丝马迹判断出来的，所以年底的时候我就开始卖货，比上一波清得更干净，最后很多货都及时跑掉，仅仅剩下一点点自己喜欢的货。结果到2014年就崩盘，比如当时的蛇饼，2014年年初的时候是17000多元/件卖出去的，到2015年的时候又以4000多元买回来，到2016年涨到5000多元，后来觉得不对劲，又赶紧卖掉——不是这种涨法，感觉不对，所以选择出货。毕竟，2007年崩盘的记忆太深刻了，终生难忘。"

2020年9月25日上午，杨盈说："2007年（崩盘事件）的影响是深远的、长久的。这是普洱茶行业一次全国性的大洗牌，其中又以芳村茶叶市场为主。在这之前，2005年普洱茶涨价（后又下跌）是广东省范围内的，也可以说是局域性的，但2007年则是全国性的、范围是最大的。只要是普洱茶都好卖，所有品牌的普洱茶都好卖，越是这样，冲击波就越大——这是很多行业类似情况下不得不接受的惯性，是相同的地方，就像车速越快，制动距离就越长。2013年，大益品牌行情上涨，且是全面上涨，而其他品牌都不上涨，但到了2014年又跌下来了。可是，（2007年）后面的涨涨跌跌，都没有2007年的影响大。"

2020年9月19日，老马说："能谈得上崩盘的只有2007年，普洱茶行业从牛市转为熊市，导致市场非常萧条。之前的2005年'猪圈事件'对行业的影响都没那么大。后来也发生过价格下跌，比如2014年，但规模不大，影响也没那么深远。其他年份都很正常。2007年行情暴涨的时候，很多人是借钱来炒普洱茶的，最后损失惨重。还要还债的嘛。"

崩盘的反思：
从此敬畏市场

十三年后的今天，经历过2007年崩盘事件的茶人再谈起时，依然色变，心有余悸。

2020年7月，我在芳村茶叶市场采访时，正好赶上普洱茶行情大涨，整个市场都散发着兴奋，甚至是躁动，而最明显的莫过于年轻茶人。相反，经历过或感受过2007年崩盘威力的老茶人，面对再如何好的行情，都显得谨慎，至少，不会盲目乐观、盲目追涨。我没有在大观茶业、天鹰茶行、双盈茶行、洞庭春茶业、德心茶行等档口感受到狂热，相反，他们在高涨的行情下透着隐隐的担忧，不希望暴涨，担心大起大落，担心2007年再次上演。

2020年9月25日下午，陈泽丰说："现在想想，2006年到2007年崩盘之前的这一波行情，火爆得不可思议、让人害怕，所有叫普洱茶的都爆了。不管是品牌茶，还是散茶，所以最后雪崩的时候，没有一片雪花是无辜的。我也承认自己是那片不无辜的雪花，而雪崩，没有人能幸免的，该承受的代价就要承受。我们自己这一拨同龄人是当时的中坚力量，比较年轻，比较主流，所以敢炒茶，而下关茶当时量大，且品牌也是市场的主流，容易炒。这是一个绝好的机会，只是每个人的段位不同而已，所以最后每个人的结局都不尽相同。"

2006年，我在昆明从事杂志的编辑工作。当时的杂志已经高频率地有普洱茶企业刊登广告，如大益、下关、云南普洱茶集团、中古茶堂，甚至有经销商自己刊登广告，如云福春（大益茶经销商）。也是这一年，老马已经入行，每天除了跟着师傅喝普洱茶外，就是泡论坛，熟悉普洱茶行业的方方面面；虽然当时老马没有以独立茶商的身份领教过其厉害，但也深深感受到当时普洱茶交易其冲天之势、跌落之痛，到现在，依然心存敬畏。

普洱熟茶的消耗不容小觑。王国良／摄

　　2020 年 9 月 19 日，老马说："崩盘之前，大家（交易普洱茶）都是肆无忌惮的，因为之前没有经历过，就像没有经历过战争的人不知道战争的残酷及其代价的巨大。经此一役，不管是幸运躲过此劫的，还是没躲过此劫的，都记住了 2007 年，都多了一份对市场的敬畏。"

　　2018 年冬天，我在景迈古茶山采

访时，当地的一位茶人当时是做普洱茶毛料，说起2007年崩盘时感慨不已。附近有茶商承受不住，彻底改行，而他自己纠结了很长时间到底还做不做普洱茶，最后是咬着牙坚持过来的，连连感叹："当时太难了！太难了！"

2019年冬天，我因创作《寻味冰岛》在临沧勐库镇采访，接触了当地的很多品牌，包括云章、拉佤布傣，都说那一次崩盘对勐库产区来说是伤筋动骨的，元气大伤。有一位损失惨重的茶商加上其他原因带来的损失，最后选择了极端方式；2008年，有茶商到冰岛老寨收购原料，茶农态度异常的好，因为没有人来收原料了；而在2007年行情火爆的春茶时，茶商是需要排队收购原料的，别说挑挑拣拣，可能连原料都抢不到。

2020年5月，我在倚邦古茶山采访，有茶农建议舍不得卖原料的邻居："价格差不多就卖掉了，小心放成一堆豆豉（保存不到位，原料容易出问题）；外面的市场万一出问题，都没有人到山上收原料。"对于后者，即是担心2007年崩盘的后遗症。

也是2020年9月19日，大观茶博园老店，徐燕（大观茶业财务总监）说："我当时在公司上班，对2007年崩盘没有概念。是后来进入普洱茶行业的时候才知道可怕，很惨，很多档口都很惨。"

2020年11月中旬，我在芳村采访时，听到市场里的一些年轻人说："生意这么难做，会不会崩盘？"他们的担心有一定道理，也是好事情。但我想，与真正经历过崩盘的应该有一段很难到达的距离，可能崩盘的惨烈在他们的理解中，应是两种感知不太一样的场景：一种是想象当中的战争，一种是真实经历过的战争。

　　临沧是云南省四大茶区之一，也是我国普洱茶最大的原料产地，被誉为"天下茶仓"。越来越多的主流品牌都布局临沧，将其原料纳入自己品牌的拼配体系之中，更有名山茶产品问世。作为本地茶企，云章茶业以临沧产区为主，兼顾西双版纳、景迈山等产区，又以勐库为最，深耕各小微产区，拥有家族传承的多个古茶园基地，产品与原料两条腿走路，稳扎稳打；同时是较早介入冰岛古茶山的茶企之一，以其纯粹的韵味丰富了普洱茶的世界。

崩盘的结局：
有人离场，有人坚守

就像股市一样，行情暴涨的时候，很多人都以为自己是巴菲特，或者都想着继续上涨、赚更多的钱。只有在暴跌的时候，才知道谁水平高、谁更理性、谁运气好。

2020年9月25日下午，陈泽丰说："当时能（在崩盘之前）跑掉的，都是敏锐性比较高，不太贪婪的。后知后觉、还想着继续赚钱的，都被套住了。崩盘之后，市场上有人说这一波行情只有这一次，也只会有这一次，不会再有第二次，再也不会遇到这么好的行情了。不过，也确实是。不论暴涨，还是暴跌，都很真实，却又像做梦一样，倏尔而过。"他说的这种感觉，颇有点像"寥落古行宫，宫花寂寞红。白头宫女在，闲坐说玄宗"，大家都在怀念曾经的开元盛世，"忆昔开元全盛日，小邑犹藏万家室"（杜甫《忆昔二首》）；只是，开元盛世已成过去式。

2020年9月20日，连生说："这一波行情后，整个市场一片萧条，很多人都觉得普洱茶的风光不会再来，甚至有人改行卖茶具，而有的人则彻底放弃了普洱茶行业。"

2020年9月25日上午，杨盈说："当时很多人都没有机会翻身，选择彻底离开市场，离开这个行业。"

很多时候，只有经历过才知道，原来自己不是那金光闪闪的神，而是一个普通的人，或者有点本事的普通人。不同的人，有的人在明白之后还有机会，还有资本继续坚持；而有的人明显已经没有这个机会了。

陈泽丰说："当时在暴利的情况下，我自己的资金比较原始。如果往回走（价格回落，下跌），最多也就剩下一堆货，不会欠债，因为我没有贷款、没有向私人借钱。当时也不会加杠杆，也无法加杠杆，最多就是去银行贷款。但市场里的人很少有人去贷款，杠杆不会放的太大。那些跟私人借钱炒茶的，就输得比较惨。我们这一拨人，见过太多的起起

当时媒体的报道。图片源自 2007 年 4 月 13 日《羊城晚报》A20 版。

落落，到了一定的阶段，去做该做的事情，要改善生活，要懂得控制自己的欲望。现在，即使别人摁着自己的脖子擦地，我也只会这样了——要稳！"

躲过崩盘这一劫的茶商，只属于少数。当时整个芳村茶叶市场哀鸿遍野。老马说："经过这次崩盘还能坚持下来的茶商，最后都成为芳村茶叶市场的主流商家，更坚韧，也更理性。"

2020 年 9 月的一天，古桥茶街。我在二姐（吕小雄，洞庭春茶业创始人）的店里喝茶，跟她聊天。崩盘的时候，

二姐已经在做大益茶，当时在长沙签了一个合同，要在长沙做一个大益体验馆。她说："对我自己来说，还是有一定影响，但心态要好，要稳得住。我没有像市场里的一些人那样乱了阵脚。我的客户群体比较稳定，遭遇的困难是暂时的，毕竟面临店铺租金、员工工资等开支，还是有一定的压力。崩盘对市场的冲击很大——我自己也是这个市场的一员，这一点是无法回避的，但对洞庭春来说，没有伤筋动骨，也更加坚定了我们做大益茶理性的态度，即量力而行，要稳扎稳打，要务实。"

崩盘的遗产：
品牌的变化与生茶上位

芳村普洱茶交易市场一直到2009年春节后才慢慢抬头、重新进入上升通道。坚持下来做普洱茶的芳村茶商，也是在时间当中发现市场的变化。

2020年9月25日下午，陈泽丰说："2007年暴跌过后，我们懂得把下关茶换成大益、中茶的老茶。过了2008年，到2009年，普洱茶行情慢慢好转；到2011年、2012年，下关茶还可以跑（销售，即有一定的销量）。最后我选择清掉很多品牌的茶叶，以大益茶为主。"

2020年9月20日，连生说："之前的那一波行情，是以熟茶为主，当时没有多少人觉得生茶好，都觉得熟茶好。到2010年的时候，普洱茶开始有明显的起色，市场的信心慢慢恢复，并且，最重要的一个变化是生茶进入主流。大家开始向生茶靠，与此同时，生茶与熟茶的价格也开始拉开了距离。"俞培景也认为这一波行情前，是熟茶贵过生茶；这一波行情后，生茶慢慢贵过熟茶。

需要特别说明的是，经过这一波的行情，普洱茶的档次提升了。连生说："普洱茶真正在芳村动起来——开始有人大量地买卖，是在2004年。普洱茶从很便宜的大众茶、基础茶，到进入到大家投资的视野中；一件茶的价格从很低很低上涨到几千块、几万块，这个时间段严格地来说，只有三年，这很了不起。"

陈泽丰说："2007年之前，做茶的档次在各行各业中，级别还是比较低的，档次很低，有点像路边上的士多店（小卖部）。到2007年及其之后，就上了一个档次，茶商总体的生活水平已经提升了一个级别。如果愿意的话，包括豪车、奢侈品都变得很容易，或者说，成为很普通的生活用品，但在之前，这些都是不敢想象的。"

大益班章生态茶。友福茶叶／供图

　　2020 年 9 月 19 日，老马说："第一波普洱茶热潮是在 2004 年，这个时候广东才真正兴起普洱茶，市场有了较大的规模，交易量比较大。2006—2007 年崩盘之前，芳村普洱茶交易市场只要有'普洱茶'三个字，都会有人买，整件整件地买，市场里的普洱茶都能卖出去，那个时候就有炒茶的雏形了；崩盘之后，有人开始反思普洱茶的品牌。到后来，下关、大益等品牌还是有人买，开始聚焦品牌了。我自己是在普洱茶行情明显有起色的 2010 年接触到大益茶，享受了这一段（2010—2020 年）普洱茶红利，其中又以大益茶为主。从长远来说，（普洱茶）总体趋势会涨，但不能忘记 2007 年的教训。"

崩盘的遗产：平台崛起

位于洞企石路的东和茶叶。东和茶叶／供图

崩盘重创了芳村普洱茶的交易市场，但也为其开创了一个新时代——平台崛起。

2006 年至 2007 年 4 月崩盘前的这一波行情，芳村普洱茶的交易是建立在

信息不对称的前提下完成的，即赚差价，在没有微信、没有 QQ 群的情况下，大家都是用电话沟通并完成交易。陈泽丰说："当时的价格不透明，也没有像现在先进的平台，只有比较简陋、落后的类似中介的平台。当时我们觉得是中介

赚的钱多，当时一些资金（持有人）是委托我们买卖。如果我没有记错的话，较早出现的报价平台是东和，2009年的时候就有模板出来了。"据老马的回忆，最早的模板是由茶道仁心茶行创立的普洱第一网。但当时的普洱第一网仅是单纯的报价网，他们以表格的形式更新报价，涉及很多品牌，又以大益、下关为主，后来是东和网开创了K线图。

2019年9月我第一次到芳村采访时，陈军日（东和茶叶创始人）说："正是因为当时的信息不对称，我刚好经过家下面的一家房产中介，从而获得了启发——我自己所做的事情就是茶行业服务里的中介。"于是，他就把自己的公司定位为茶行业的一家服务公司，为芳村的茶叶交易提供中介服务。这为今天的东和茶叶定位奠定了基础，也引领了芳村普洱茶交易的潮流、方向。

现在回过头去看，平台的崛起有其必然性。2007年的崩盘，给诸多收藏客、投资客带来了较大的损失。之前市场上的"跑街仔"无法给他们的资金带来必要的安全保障；崩盘后，资金进入芳村普洱茶交易市场需要安全。这是一个非常强烈的需求，也是最基本、最原始的需求；而芳村普洱茶市场本身也有这个需求。因为一荣俱荣、一损俱损，损害收藏客、投资客的利益并不符合市场的利益，尽管这个保障无法做到百分之百安全。

所以，市场淘汰了"跑街仔"，选择了交易平台。芳村茶叶市场的普洱茶交易从此进入快速发展期。

在后来的一次采访中，老马说："崩盘之前的'跑街仔'是为有档口的茶行服务。崩盘之后，随着人们的反思、市场的发展，市场一步步地不断规范，规避风险成了大家的共识，资金进来芳村普洱茶交易市场也需要更安全的交易载体，所以淘汰了'跑街仔'，迎来了平台时代。

"在芳村，平台有狭义与广义之分。

狭义的平台，只要有几个人的团队做交易，都可以称为普洱茶交易平台。广义的平台，既有提供行情信息的网站——线上的报价网，也有专门的经纪人团队，能做普洱的交易。"

在芳村普洱茶交易市场上，广义的平台中比较典型的是东和、大观，其他的还有亿人、厚为等。

老马补充说："2010年之后，芳村普洱茶交易市场平台的崛起，标志着市场从'跑街仔'的阶段进入平台的阶段，尤其是平台提供的数据支持与价格透明是市场重要的转折点，对芳村普洱茶交易市场及整个普洱茶行业都具有重要的意义。

"市场从'跑街仔'的阶段进入平台的阶段，这个变化既有传承，也有创新。'跑街仔'被新兴的平台收纳，向专业经纪人的方向发展。普洱茶作为大宗交易商品，是需要有中间人来服务的，需要验货，如产品的真假、仓储等。这个对于普洱茶交易来说是非常重要的，需要专业的中间商提供具体、繁琐且专业的服务。

"普洱茶行业是一个非标准行业，需要动手参与，需要用心感受。一杯普洱茶是需要体验的。你能说体验感对普洱茶不要重要吗？这个没办法提供一个完全统一的标准，不管是直面终端消费者的茶馆、茶空间，还是对接交易、收藏与投资的平台，体验感是无法回避的。

"当然，平台也有弊端，最大的风险是内部管理。平台的出现是因为交易普洱茶的资本多了，但也因为资本多了造成了平台的潜在风险。在较大的利益面前，考验着人心，而世间最莫测的就是人心。"

但是，平台的崛起终究是顺应了资金的需求，顺应了普洱茶交易市场的发展，利大于弊。平台的崛起，是2007年崩盘之后芳村普洱茶交易市场重建的努力，也是其最近十年的重大转变，是市场的提档、升级，更是质变。

2006年年底，老马在第一波普洱茶上涨浪潮中来到芳村，并经历了2007年的崩盘；2014年创立大益行情网；2016年全线专营大益中期茶及新茶，坚持至今。

大观茶业定位为优质普洱茶服务商，发展较为稳健。大观茶业／供图

崩盘的遗产：
成熟与理性，重建的财富

1978 年 12 月 8 日，《猎鹿人》在美国上映。而 20 世纪 70 年代末，正是芳村茶叶市场破土萌芽时，敢闯敢干的广宁人已在芳村茶叶市场谋生；那个时候，没有谁会想到这片花香四溢的土地上会闯出全球最大的茶叶交易中心，恰似"杨家有女初长成，养在深闺人未识。天生丽质难自弃，一朝选在君王侧。回眸一笑百媚生，六宫粉黛无颜色"；没有谁会想到当初的萌芽，会长成今天的参天大树，成就一个巨大的健康产业，造福滇粤两地以及更广范围内无数的人。

崩盘，是为普洱茶行业的凤凰涅槃，是为重生。不经历过大挫折，不足以谈成熟。唯有从低谷中重新站起来，不管是人，还是行业，才能称为成熟，也才能赢得尊重。如果经此一役而一蹶不振，

那也谈不上是一个真正发展的行业、有生命力的行业；而普洱茶的生命力与芳村茶叶市场、普洱茶交易市场的生命力显然没有那么脆弱，三者都是强者。在刻骨铭心的痛之后，继续自己的旅程，注定要走向更远的地方。

也不是所有的人都认可"崩盘说"。在我所采访的人当中，绝大部分承认 2007 年的崩盘；对于 2014 年市场的大跌，大部分人不认为是崩盘，极少数人认为是崩盘。

2020 年 11 月 20 日，广物。杨益一说："茶叶没人要这种概率是没有的。疫情来的时候，茶叶没人要，也只是暂时的，但也没有崩盘。掉价 20%—50% 都是有可能的，但这个都很正常。有涨有跌嘛。不至于说茶叶完全没有人要。

日升日落，潮起潮落，这就是大自然的秩序，也是市场的秩序。红印倌头佬／供图

只要有人还要茶叶、还喝茶叶，那就谈不上崩盘。"

有故事的芳村茶人、茶商，更喜欢稳中有增的茶市，对于暴涨的行情反而更谨慎，也更担心。毕竟，2007 年的崩盘并不算遥远，也没有模糊而去；行业、茶市如人，只有自己经历过挫折，接受过市场的洗礼，才能真正成长；而细水长流，稳稳地增长，才是芳村真正做茶的人想要的，也才符合普洱茶的韵味以及这个行业的未来。

普洱茶交易的实质与资本的使命

城上五层高，飞出波涛。三君俎豆委蓬蒿。一片斜阳犹是汉，掩映江皋。

风叶莫悲号，白首方搔。蛮夷大长亦贤豪。流尽兴亡多少恨，珠水滔滔。[17]

屈大均的《卖花声·题镇海楼》一词中，既寄托着家国兴亡之痛，也充满着复兴的期待；有感伤，也有希望。珠江水，滔滔流，岭南往事里的多少兴衰，都在日与夜的奔流中远逝，留给后人的是机遇与风险俱在的更为宽广的大时代。有跃然纸上的历史借鉴，有更为立体的视角，也有更为错综复杂的环境。但有一点可以肯定，也可以乐观的是，不管身处哪个行业、哪个时期，能尽量触碰到行业、焦点的实质，能站得更远看待问题，能更理性作出选择，那离成功或许已经不远了。

---

[17] 陈永正. 岭南历代词选 [M]. 广州：广东人民出版社，2017：86.

古桥茶街。杨春／摄

炒茶，
只是普洱茶交易体系的一个环节

易茶是一家交易大益茶的平台。杨春／摄

在芳村实际感受普洱茶交易的基础上，深度接触大量业内人士后，或许我们应该对普洱茶交易所包括的环节有一个相对清晰的认知，以此回应炒茶与普洱茶交易的关系，也有助于理解普洱茶交易的实质。

那么，炒茶与普洱茶交易是什么关系呢？是一样的吗？我们不妨分为广义与狭义两个层次来理解。广义的普洱茶交易包括了一级市场的零售、批发与二级市场的交易，但当下二级市场的交易其实也涉及了零售、批发，同时包含收藏、投资与投机、过手，其中投资又分为长线投资（价值投资）、短线投资，而短线投资与投机过分交叉，我们可以看作是同一性质的市场行为，即赚快钱。狭义的普洱茶交易即长线投资、短线投资、投机与过手。

在我 2020 年 7、9、11 月和 2021 年 8 月对芳村普洱茶交易市场的采访中，经过梳理与不断总结，我自己也才渐渐理顺了炒茶与普洱茶交易的关系，并且，让读者失望的是，最终并没有一个标准的答案。因为每个人对这个社会的认知、理解与接受度是不一样的，也不可能是一样的。倒不用像莎士比亚说"一千个观众眼中有一千个哈姆雷特"，也不用像解读《易经》那样，每个人都能阐释出自己的一套说法。原因很简单，炒茶与普洱茶交易的关系没有那么复杂，我们也没有任何必要将其复杂化，只须总结后陈列出来。愿意对应何种定义的，就去对应，我们不可能去强迫别人改变观念。这是个人的权利，也是彼此的尊重；你强迫让一个排斥普洱茶的人去喝一杯普洱茶汤，哪怕是纯正的老班章、冰岛、曼松、昔归，那也是不对的。不是对方有问题，而是你有问题，需要反思的是自己。

认知的改变，只能自己来。自己想开了才行，渐悟也好，顿悟也罢，不悟也行，反正这是一个异常丰富的多元化社会。

外界很多声音直指芳村的炒茶，可能更多的是指向狭义的普洱茶交易，且短线投资、投机与过手更符合这种声音的定义。在了解芳村整个普洱茶交易体系后，这种声音可能就有失偏颇，理解至少是不那么全面、不那么客观，较为笼统、含糊，有盲人摸象之感。芳村庞大的普洱茶交易体系以"炒茶"一言以蔽之，这可能有一叶障目不见泰山之感。毕竟，这种声音所理解的炒茶在芳村确实存在，芳村市场里的部分参与者也承认。事实上炒茶终究只是整个普洱茶交易体系的一个环节，当然，目前来看，也是一个很重要的环节，无法忽视。倘若以整个交易体系中的一个环节来评价芳村普洱茶交易市场，这是有失公允的。

2020 年 7 月，茶博园。老马说："外界对芳村的炒茶有两种认知。第一种是把芳村的普洱茶交易称为炒茶，这是不太熟悉芳村实际情况的人的认知。第二种是把芳村普洱茶交易中的短线交易称为炒茶，包括短线投资、投机与过手，通俗来说就是快买快卖、赚快钱；这是熟悉芳村实际情况的人的认知，也是芳村普洱茶交易市场业内人士的认知。"

不过，也不是所有业内人士都认为炒茶就是短线交易。2020年9月在芳村采访时，F先生理解的炒茶则是长线投资，至少持有几年时间的投资才叫炒茶，属于价值投资，不认可外界所定义的短线投资属于炒茶这个说法。在他看来短线投资更接近于过手。过手与短线投资的相同点就是快买快卖，包括投机，在芳村都有一定的市场，赚快钱。

不管是广义的划分还是狭义的划分，实际上，芳村普洱茶交易市场中的一级市场和二级市场在很多时候并不容易区分。因为二级市场已经在面向终端的消费者、商家做零售、批发了，与一级市场高度重叠，且这个趋势越来越明朗，甚至芳村的茶人、茶商直接走出芳村，在芳村之外更加宽广的区域开设茶馆、茶庭、茶空间，直面普洱茶的终极使命——消耗，在茶汤中品饮生活，在品饮中享受时间与空间之美。

在芳村采访所获得的各种观点的基础上，结合我自己感受到的实际情况（氛围），我更倾向于将芳村的炒茶定义为短线投资、投机与过手等交易行为，也更认可F先生所理解的长期投资。长期投资是社会各个行业，尤其是基础行业（比如农业）、新兴行业（比如新能源、生物、芯片）所必需的资本支持。我还认可普洱茶交易体系中至关重要的两个环节，即零售与批发，社会在发展，零售会升级为新零售，而批发也会长期存在。这里务必要注意一个细节，即广州这座城市的特色，千年以来就是商贸发达的城市，注定了广州大商贸、大流通的定位。随着中国立体交通体系的建设

大益 601 批次 7742 青饼。阿宣／摄

与不断完善，广州的这个定位只会加强，不会弱化；而芳村普洱茶交易市场则是广州在商贸与流通领域的一个缩影。

资本的身影：
在我们生活的近处，
在我们眼前晃动

地铁是极为考验一个地方的经济指标的。2019 年 9 月我第一次到芳村采访的时候，芳村大道就在修地铁；2023 年 2 月再到芳村时，还在修地铁。杨春／摄很多人，尤其是芳村之外的人，包括芳村所在的城市——广州，包括广东省内的深圳、东莞、佛山、珠海等珠三角地区，包括普洱茶的原产地——云南，包括东南沿海地区、北方地区……可以说，只要是熟悉普洱茶行业或者身边有从事普洱茶行业的朋友的人，大概率都知道芳村及芳村的炒茶。所不同的是，有的人是深有体会，知道其体量之大；有的人则是听说，知道有那么一回事。

如果不知道呢？那大概率可以归为：他是一个不及格的普洱茶人。当然，可以不在意，跟自己有什么关系呢？我只想安静地喝一杯茶。也可以在意，可以去细细思量：芳村的炒茶跟自己有没有关系。

为什么敢这样说，或者会这样说？因为，芳村普洱茶交易的辐射范围已潜移默化至中国喝茶之所，其影响力也已到某种无法忽略或者说不能置身事外的程度，总有千丝万缕之联系；哪怕，你只想静静地喝一杯普洱茶，我也只能说抱歉，芳村的普洱茶交易还是与你有关。

因为，你会对比、挑选，就会考虑很多因素，比如普洱茶产区（大产区与小微产区）、品牌、口感、仓储转化，甚至升值、情怀与审美；你会购买，而很多渠道都与芳村有着或深或浅的联系，甚至云南茶山深处，还有很多从芳村普洱茶交易商所孵化出来的品牌，他们扎根产区，深耕普洱茶事业。

因为，芳村普洱茶交易早已与社会资本相融，与金融市场相融，产生的原始动力超越任何宣传，具有极强的扩张力，会影响到产区的原料、制作的工艺革新、仓储的细分与标准化、品牌的打造与文化的传播，甚至口感与风味的偏好与沉淀。而这些，又最终影响到市场销售端，不管是电商，还是实体店（包括茶店、茶庄、茶空间以及跨界空间展示点），都是其承载之地、展现之地，也是其终极较量之地。

因为，当下的社会发展，哪怕只是柴米油盐的日常生活，我们也很难回避资本的介入与扩张、金融市场的风云变化。你说，我国的金融政策调整跟你有没有关系？至少会影响到银行的利息。伦敦石油期货交易所跟你有没有关系？至少会影响你加油时的心情，会影响你网购、出行的成本。油价涨了，运输费自然上涨，涉及每个人的钱包。很多行业早已和资本、金融相融，只是有的摆在我们眼前，有的隐藏比较深；对我们的影响，区别仅仅只是大或者小、来得快或者来得慢，除非你选择作鸵鸟，危险来临时将头插进沙子里——我看不到，就没有关系，尽管这也是一种生存哲学。

任何一个普洱茶品牌想立足，想长远发展，都不得不做详细考虑与规划。即使其起点不一样，但终究还是会学习优秀品牌的长处，至少会去思考；至于能吸收多少、运用多少，那就是各自的造化了。即便只想做一个小众品牌，只服务自己的粉丝，也有必要考察市场上的大中型茶企、有特色的品牌，进而确立自己的风格，甚至风味。

当"活下去"变得从未如此重要的时候，这愈发关键。虽然拥有金融属性的普洱茶品牌较为稀少，可哪个品牌能承受无资本之痛？又有哪个品牌是在无资本支持的情况下发展起来的？发展经销商，即接受经销商的资本进入；开直营店，更需要资本的支持；打造品牌、文化，也需要资本的支持。巧妇之炊，不仅需要米，还需要柴油盐酱醋茶……资本日与夜不停息前进的步伐与推动力，相信我们已经领教过了。

而芳村的普洱茶交易，因其与社会资本、金融属性的高度相融，为整个行业，甚至是其他行业提供了一个鲜活、宽广、深度的真实案例。我们可以研究、借鉴，当然，我们也可以反思——你觉得有益的、你觉得有害的，关键是，要知道是什么，为什么。

资本没有善恶，唯背后之人心。而社会上很多行业也都需要资本的支持，以此获得产业转型、升级。但对资本的心态，可能有点像女孩子初次约会一样，既怕他不来，又怕他乱来。

大益 2101 金色韵象。杨春／摄

炒茶的实质与普洱茶交易的范围

很多人都在说芳村炒茶，却又一下子说不清楚炒茶的实质，总给人一种云里雾里之感，不够全面，不够清晰，也不够准确，不够客观，无法直指核心。那炒茶的实质是什么？

因为每个人都有自己看待社会事务、问题的态度与理解，所以我们不管讨论什么，都有必要尊重不同的声音，至少要学会倾听，先听后质疑，以求尽可能达成共识。这样才能构建有序的社会。其次，要尊重语境，而不是移花接木、断章取义。在这里（本节内容），我们把炒茶定义为长线投资，原因很简单：谁定义的谁来谈，F先生将炒茶定义为长线投资，由他来诠释最为合适。

2020年11月下旬的一个上午，我准时到洞企石路F先生的店。刚推门而入，就看到他正在泡茶。记得上一次采访时，他聊了芳村的普洱茶交易历史；

而11月的这次，我带着问题而来，即外界对芳村炒茶实质的好奇与猜测。

我问："炒茶与交易是一回事吗？"

F先生说："有一点区别。（芳村的）炒茶也属于交易，或者说交易包括但不限于炒茶；收藏、炒茶都需要交易，都重要。如果没有往日的收藏市场作为基础，就没有普洱茶的今天，以当下的市场理解来看收藏论的话，可以这样说。

"大益，有历史的背景，有故事帮我们沉淀，所以我们收藏有故事的产品，这是收藏的意义之一。交易跟随着大益，有故事，有品牌的背书，所以才有现在芳村交易的体量。

"炒茶，可以看作是一种投资。比如本钱10万元投入到市场，等行情到20万元的时候能成功套现、离场。这才

芳村标杆茶企

深耕云南茶叶35年

葵蓬的车流量一直很大，不堵车的情况大概只能出现在夜里，或者梦里。转角处，便是问山茶叶，让我惊讶的是问山茶叶一直坚持消耗之路，从不被芳村茶叶市场的各种热闹所诱惑，埋头苦干，走自己的路，且走出一条问山之路：深耕云南茶叶35年，重视市场与终端；从滇红茶到普洱茶，从传统的七子饼茶到符合当下消费潮流的时尚包装茶（快消茶），既有变化，也有不变之处。问山茶叶之于芳村茶叶市场，宛若一股清流，是与众不同的存在。

是炒茶，但需要时间，有可能是一年、两年，甚至五六年。如果只是相隔几天，行情到10万元出头就出售，只赚几百块、几千块，那就不是炒茶，而是过手，是小妹、小弟，是小散户干的事情，是跟风。"

我问："炒茶的实质是什么？或者说，炒茶的商业逻辑是什么？"

F先生说："炒茶的实质就是大的资本坐庄。社会是人的社会，任何事情都是人来定义的，也都是人做出来的。炒茶不是普洱茶本身体现出来的，当然，它是载体；炒茶是人为干预，因为有资本，也由资本来决定，进来的资本能控制，包括行情也是由资本说了算；如果资本撤走，那也麻烦。

"炒茶就像点蜡烛，你把它熄灭，总会有人来点燃，不断重复。现在这个时代，很多东西都是需要这种方式才能

位于启秀茶城的陈茶汇，是一家交易中期普洱茶的平台。杨春／摄

快速发展，这跟时代有关。你说它能走多远？取决于金融经济，也受大环境影响。

"如果一个品牌推的新品，（价位）一个比一个高，新品越做越贵，之前的产品，比如大益的轩辕号、千羽孔雀才能过庄；如果推的新品价格低，那以前的庄过给谁？问题是，最后——不知道什么时候，这样的高价位该如何落地？所以，炒茶就像点蜡烛，不停地吹，不停地点。这个过程，就是芳村炒茶的故事，当然，也可能是事故。如果后面上市的新品价格越来越高，无法落地，那就没有人来重新点蜡烛了。"

我们一直聊到午饭时间。我也在 F 先生的店里吃饭。

吃完饭后，我返回到大观茶博园老店，刚好阿升也在店里，就继续聊起这个话题。阿升说："今天买，明天卖，这就是一个手段，赚点辛苦费而已——以侥幸心理赚点快钱，可能真的就是一点辛苦费。炒茶，不敢说是一个长期性的投资，但至少要有一个心理预期。这个心理预期，包括回报预期和时间周期，后者可能是一个月、两个月，

甚至更长，比如几年、十年，这样才是炒茶。"

下午两点多，芳村开始下雨，越下越大，刚好冲刷了一下那几天的高温天气，带来一段宝贵的清爽时刻。

2021 年 2 月，在西双版纳采访 D 先生时，他也认为炒茶就是吹蜡烛、丢手绢。金融茶就看你能不能最先抢到，抢到就能赚钱，后入者会有风险。"丢手绢"与外界部分人认为芳村炒茶就是"击鼓传花"的观点非常吻合。但后来采访时，老马则认为 2007 年崩盘之前的暴涨更符合击鼓传花游戏的味道。行业外大量人投资普洱茶，并且部分人是借钱投资，毫无理性可言，最后鼓停花落时惨不可言。后来他又补充说："什么是商业？但凡是商业，都有击鼓传花的味道，区别是浓一点或者淡一点。现在，整个市场已经成熟了很多。"

2020 年 11 月下旬，我在启秀茶城找到裴子超，他认为炒茶是找更多的人进来市场并接盘，在看到财富不断增长的情况下，就会有人不断地进来。碰巧那几天有人在很明显地拉高 7542 的价格，在他看来，就是逆大势而为，是很

难的。

　　裴子超所说的"找更多的人进来市场并接盘"，可以分为两种理解，一种是狭义的，即行业定义的"接盘侠"——短期的、更多的投资客进场；另一种是广义的，即做大市场，尤其是消耗市场。老马所说的把大益茶以及普洱茶的盘子做大更为合适，"接盘侠"能接一时，但撑不起整个大盘，更接不了一世。

　　2020 年 9 月，古桥茶街。杨盈对我说："坐庄其实也很好理解，如果你对产品没有信心，你敢坐庄吗？正是因为投资者对产品有信心，对未来的社会发展与经济发展有信心，才敢花费巨资坐庄的，也才说是长期投资、价值投资，就像有人买国债产品，如果你对国家没信心，也就不会买国债了。"

2020 年芳村茶叶市场一瞥。林鹏源／摄

145

无法忽略的资本力量

越来越多的人感受到芳村普洱茶交易中资本力量的强大，且资本与普洱茶交易的相融越来越明显。

2020 年 11 月下旬的一个上午，F先生的店里。他说："炒茶的实质就是大的资本坐庄。以前我也很排斥资本，但现在我能接受。我们要能接受资本的力量。任何一个行业，如果脱离资本，就很难获得支撑。现在很多行业、很多人在慢慢接受资本的力量。观念在改变，接受资本的注入是行业发展到一定程度的必然过程。

"茶叶始终是很多人的必需品。重要的是，茶叶是中国文化的必需品。我们的文化、生活及其氛围，都与茶叶息息相关。芳村的炒茶跟我们整个大环境、宏观经济的发展有直接的关系，导致出现两条路，一条路能走很远，因为茶叶是很多人的生活必需品——柴米油盐酱醋茶，是生活的消耗品。这条路是双行道。与消耗属性并行的是收藏，收藏更像琴棋书画诗酒茶，需要一点雅致，也需要一定的财务成本作为支撑。但炒茶则是另外一条路，也不能说是未知之路，炒茶是紧贴社会、时代发展的，与其息息相关。20 世纪 50 年代的红印，现在到 80 万元，有些茶上涨的速度很快，符不符合行业发展规律？但如果真到这个价位了，我拿出来交易，有没有人愿意买单？

"正是因为如此，芳村的普洱茶交易能吸引大的社会资本进来，并且已经细分。不同的资本会关注不同的产品，比如轩辕号、千羽孔雀。资本市场比过去成熟了很多，芳村的普洱茶交易与资本的结合也成熟了很多。

"芳村现在新的（炒茶）玩法，跟我自己（过去经历的）不一样。这两条

146

找找茶是一家知名度较高的普洱茶交易平台。杨春／摄

路越来越清晰。前者是喜欢普洱茶的、好（痴迷）茶的；后者不一定爱茶，但一定爱钱。后者这个是赚钱的。赚钱我也喜欢，干嘛要拒绝？

"如果选择收藏的路，那喜欢的人要有担当，而资本这条路则没有这个要求。这个就是区别。你不能说资本好与不好，不存在道德的。有了社会资本的进入，才有了共享单车、共享汽车以及新能源汽车的推动，但同时，也正是因为社会资本，所以才有了管理不到位，

（才出现共享单车）街头乱丢，不会珍惜——东西不是自己的，也谈不上爱惜。"

进入芳村普洱茶交易市场的资本还体现在验货环节，或者说验货环节是资本控制价格的一个重要方式，以验货的难易、松紧来拉升或者打压价格，"神挑"就是最生动的一个案例。

当然，资本在验货环节的体现也在升级。F 先生说："普洱茶的金融属性形成后，就有了验货标准；对于普洱茶来说，验货标准就是资本的体现标准。这个行业非常需要这种标准。现在的市场有自己的标准，'自己'可以理解为庄家，即市场标准就是庄家的标准。庄家投资哪款产品，那这款产品的标准即由庄家说了算。轩辕号有轩辕号的标准，千羽孔雀有千羽孔雀的标准，群峰之上有群峰之上的标准，不是所有的产品都是统一的标准，是不同的，是细化的，每一款产品都不同。这才是资本的力量。

"大部分庄家都会验茶油、虫眼以及仓储。仓储时间长了的话，茶油、虫眼对交易来说是无法回避的。仓储非常重要，是各个品牌、各款产品、各个交易平台需要注意的，同时也是收藏者、消费者需要注意的。

"至于说市场上存在的假茶，那是利润很大，有人想赚更多的钱。现在没有必要教顾客怎么验真假，因为已经成为过去式了，而市场也会惩罚作假者，会影响作假者的信誉、口碑。当然，现在的交易平台也会帮忙验真假。在芳村卖假茶的代价是很大的。大家都怕假茶。如果智商、情商及格的话，都会回避假茶；如果你卖假茶，以后谁还会相信你呢？避而远之是最好的选择。"

对于资本的力量，还有一种说法："有资本说它好喝，然后通过资本让大家说它好喝，然后你也会觉得可能真好喝，最后就真的好喝了。"

大益千羽孔雀。友福茶叶／供图

双刃剑:
如何看待普洱茶的金融属性?

从葵蓬往洞企石路方向走,一定会看到的黄金广告位,备受各大品牌追捧。杨春 / 摄

资本与金融属性是一个结合体。可以说，金融属性是资本的特质，是表现方式，也是要求。谈芳村普洱茶交易中的资本，尤其是投资大益茶的资本，就无法回避金融属性。尽管，有赞同、理解的，也有反对、排斥的，但都不得不承认大益茶部分产品，尤其是新茶（又以汉字茶为主）具有金融属性这一事实。

2020 年 7 月 26 日下午，我在大观古桥店采访时，刚好遇到邓先生、IVY 梁与吴小姐，他们都是大益茶的投资者，

151

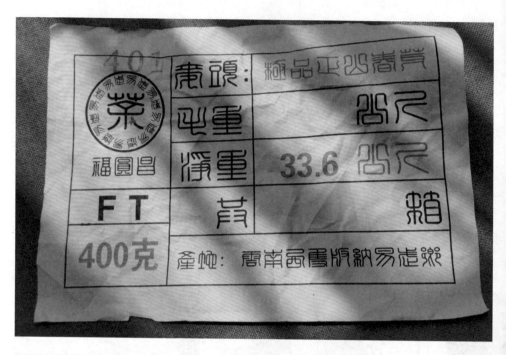

福元昌是普洱茶发展中历史传承相对较好的一个品牌。简一茶业／供图

利用周末的时间从市区过来芳村茶叶市场找老马喝茶、交流。好友相见，老马自然开心，好茶招待，并帮助我安排对他们的采访——我在旁边一角，采访则是挨个来。这样我既能完成采访，也不影响他们相聚。

邓先生说："我应该是享受到了大益茶的红利。我个人感觉，芳村（的普洱茶交易）已经到了金融化这个程度。金融属性是一个大趋势，是'互联网＋'的配合。普洱茶跟其他茶类不一样，有一定品质的茶会越陈越香，不会越来越贬值；品质越来越好，就会有一个预测价。过去十多年，有许多成功的产品与案例；若干年后，曾经预期的价值在里面，会得到验证。这个要对比，类似的产品最后呈现出来的价值。这样理解起来更直观。

"普洱茶最大的变数就是每年都在变化，每一年的口感变化都是不同的，是一个动态的变化，也是一个让人充满期待的过程；厂家不同的产品，其原料不同、配方不同，出厂的时候价格不同，甚至出货量也不同。经过三五年的仓储后，每款产品的转化不同，口感发生了变化，价值也跟着变化。同时市场需求不同，最后会导致部分产品可能会稳步发展，有些产品可能会出现跳跃式发展。所以我习惯在新茶上市后买上几件，等待几年。如果转化比较好，那感觉就是惊喜。

"金融属性如果运用得好的话，价值是非常大的。国家在推'互联网+'，就包括金融属性。如果缺乏金融属性，产业链会缺乏积极性，没有热度；一个行业要运转，还是需要积极性的因素来推动，这样整个社会才会健康发展。股市就是一个成熟的金融市场，对经济建设作了很大的贡献，是社会资金与国家资金的融合，对推动经济发展是有很大的作用的。

"金融化、金融属性是一个必然。通过专业的交易平台，让投资人知道过去的交易价格、走线图（K线图），这样比较清楚，宣传度也上来了。没有互

这两款大益的盒装散茶，至今已超过二十年，包装很有时代特色，现在看也不过时。杨春／摄

联网之前，只有少数人知道这个行情。如果没有互联网，普洱茶交易的发展不会到现在这个水平。

"国家大发展，就需要大金融，芳村是其中的一个缩影；国家是一艘大船，芳村是一个划手，是一个小部件。"

2020年11月，我在芳村采访时，连生说："普洱茶的兴起、发展离不开

芳村。我自己是从事这个行业的人，做的事情比较多，可能与其他人的理解不一样。

"金融属性是一个起点，是话题的起因，不是问题的本质。茶叶——普洱茶作为可供交易的经济作物、商品，首先来讲，在中国众多的商品中，属于其中一种。中国从计划经济到市场经济，特别是改革开放的四十年，这是发展的

因普洱茶而改变的老班章村。简一茶业／供图

154

每年春茶季，很多茶商都会到老班章村抢购鲜叶。赵正波／摄

必然。不是说芳村创造了金融属性，而是国家发展的必然。普洱茶作为商品，是具备这样一个条件的。

　　"为什么那么多茶类，只有像普洱茶一样的茶，或者说只有普洱茶可以从商品变成大家可供交易的资产？第一，普洱茶是具备一定的独特性的，可存储，存储这个过程会让茶越陈越香。这是核心，因为普洱茶的工艺属性，属于后发酵属性，这一点很重要。在保证新茶品质的前提下，越放越值钱，所以大家才敢投资。你放放绿茶试试？绿茶喝的是新，普洱茶喝的是陈。'陈'是普洱茶的价值体现，会更好喝；'陈'也是时间，好的普洱茶会在时间里升值。你看，像陈皮，今年做的果皮不叫陈皮，就叫果皮；三年以后才能叫陈皮。

"第二，普洱茶一路走下来，品牌没有中断，从清代、民国时期到1949年新中国成立，再到今天，一路都有延续，这是历史的延续，像宋聘号、福元昌、同庆号等等。还有就是，每个时期的产品常有留存于世的，拍卖会上经常能看到。这个也是真实的。散装茶是没有品牌的，尽管也在流通，但具备金融属性的产品是需要品牌的。这也是品牌的力量或者说魅力。品牌茶一路走来是有包装的，为后人提供了重要的辨别条件、收藏支撑。

"普洱茶的特质与发展进程，最终出现金融属性可以说是社会发展的必

位于广物市场的易杨堂，是一家普洱茶交易平台。杨春／摄

然。而市场始终是要选择的，所投资的资本要有价值、能产生价值，因为资本也有保值增值的需求，所选择的商品要具有投资理财的功能。金融属性也会随着社会商业发展而出现的，只不过是在哪个地方（行业）绽放而已，所以说资本及其金融属性选择普洱茶是历史发展的必然。广州——全世界最大的批发市场，至少过去一段时间是。这也催生了金融属性，而金融属性是市场经济发展到一定程度才会产生的。

"普洱茶起来的时候，国内的红木、兰花等也在炒作。当时社会上的资本也在追逐可供交易的产品，使之变成理财产品，但后来，很多都被打回了原形。普洱茶几经挫折，活了下来，就是因为它比较特殊，更符合资本的要求；更为重要的是，普洱茶具有金融属性，符合投资者、收藏者的需求，而背后有商家等力量的推动。

"这是一个双向选择的结果，商家在背后的积极推动，加上资本的推动，尤其是 2010 年以后，中国的产业资本化浪潮，最终形成一个大的被认可的市场。这是社会经济发展的规律，也是趋势。计划经济稍微有点远了，过去了；市场经济讲的是交易，是市场与个体的关系；金融经济是资本与资产的关系，资本里有自己最素朴，也是最本质的诉求，加上背后的推动，所以出现了比较成熟的形态——资本找到了升涨的环境与渠道，普洱茶符合资本的要求。

"金融属性也促进了普洱茶的发展。如果喝完后再购买，那市场就会小很多，现在有金融属性，就带动了社会资本参与进来，他们能获利，继而促进普洱茶的发展，是一个良性循环。"

2020 年 11 月下旬我在启秀茶城采访裴子超时，他说："目前普洱茶行业具备金融属性的品牌是大益，其次是陈升号、雨林、今大福。金融属性有存在的必要，但这一波（2020 年 5—7 月行情暴涨）有一点过了，伤害到了很多人，是一次洗牌。

"金融属性有利有弊。从利处来说，它带来了很多的资金、更多的人的关注。如果没有金融属性，大益进步不了那么

157

快，投放广告的效应不如金融属性来得快，效果也没有金融属性的强——金融属性所带来的收益，尤其是在行情上涨时被放大的收益，比任何东西都有吸引力，也更有说服力。从弊端来说，它吸引了很多热钱进来，在高位的时候可能会套住很多人，会亏损，甚至会扭曲市场行情，给我们呈现一个不真实的市场，进而影响我们对行业发展的判断。

"2015—2019 年，中期茶行情在慢慢上涨，中低端茶的消费也是稳定的，但具有金融属性的茶则容易大起大落。大益茶行情好的时候、市场疯狂的时候，买单的情绪是不受控制的，信心爆棚，因为很多人都认为这是大益派发福利，

相比较云南的其他茶商，吉皓更熟悉广东的普洱茶市场。说茶网／供图

158

所以敢追涨。"

对于普洱茶金融属性这个话题，2020 年 9 月 7 日在昆明采访吉皓时，他也持类似的观点。他说："一、普洱茶的部分产品确实存在金融属性，存放的时间久一些，价值会上升。二、涨跌是很正常的，每个行业都会有，关键是看放大还是缩小了金融属性，但这个不是全部。从产品属性来说，对于任何一饼普洱茶来说，最终的结果都是要被喝掉的，比如今大福，品质确实过硬，并且是控制数量（产量）的；知名度较高的产品，在品质得到认可、数量较少的前提下，那涨价是正常的，在市场上就容易做到'物以稀为贵'。如果某款茶消耗掉一批，厂家又生产一批，那就很难做到具有金融属性；当市场上的某款数量有限的产品消耗了很多，那就会涨价。三、不能完全否定金融属性，也不能完全肯定金融属性，还是要客观、理性地看待；它有好的地方，也有不好的

现在聊起 2007 年的场景，很多人历历在目，所有的讲述宛若电影的回放，一幕幕，在眼前浮现。
杨春 / 摄

地方。适当、适度很重要。

"品牌知名度高、品质好、数量有限的产品，不断消耗的时候，就是涨价的时候。涨价的产品，几乎都是市场上稀缺的、口碑好的、认可度高的。当我们遇到一款好喝的茶，喝完后再去找，那肯定是要多花点钱的。只要是好喝而稀少的，后期可能就有人加价买。这是

很正常的商业行为，很多行业都是这样的。

"抛开品质谈金融属性就脱离了普洱茶最基础的属性——品饮，消耗很关键。市场上的普洱茶品牌，有些确实是偏金融属性，有些是偏品饮属性。这个看厂家的考虑，有没有历史积淀，口碑是否得到认可，或者说具不具备实力。

南峤普洱茶在交易市场上的频率较高。阿娇／供图

厂家是有预期的，行业也支持这样做，因为适度的金融属性能促进行业的发展。

"还有一个因素，就是资金也是有成本的。当下的普洱茶，尤其是成熟的普洱茶品牌，从原料端到销售端，需要的资金越来越大；作为销售方，开店、铺货、仓储以及囤货都需要不菲的资金。这些资金是有成本的，最终都会反馈在销售价格上。"

以情怀做普洱茶的季明景表示自己有点迷茫，还没有理清普洱茶的金融属性。2020年8月30日在昆明康乐茶城采访时，他说："茶本身就是饮品，暂时作为资本或者说金融属性的载体，可能会发展得很好，也可能不会长久。结合目前的社会经济发展来说，短期内还是会火爆。几家欢乐几家愁吧。我自己做自己的品牌，一直没有机会。如果有机会，还是会介入（具有金融属性的普洱茶品牌）的。我自己的这个群体可能目前还不具备这个专业能力。"

同样在昆明做茶的刘明华则比较谨慎。2020年8月在昆明雄达茶城采访时，他说："普洱茶的金融属性在一定的范围内——合理的范围之内，还是比较正常的。就像银行的利息一样，合理就好，过高就可能不正常了，风险比较大。普洱茶要具有金融属性，则需要有一个前提：产品是基于品质的，优质的原料、好的工艺、科学的仓储。在这个前提下，是可以有一定范围的金融属性的。适口性有升华的产品，转化后更好喝，这样的产品值得消费者加价购买，但不是所有的产品都具备这个品质。这一点务必要清晰。满足前面几个条件的产品，就会有正常的年化率，10%—15%都正常；超过了可能就会有危险，违背了价值，容易大起大落，增加了普洱茶行业的不稳定性，可能会伤害整个行业。"

作为芳村的资深茶人，陈泽丰也感慨。2020年9月在观光路采访时，他说："现在有人用资金推动整个市场、产品，跟自己的认知已经有了差别。现在这一波（2020年5—7月行情暴涨）所展现出来的金融属性已经比较明显了，觉得现在已经不是炒茶了。"

大益红普洱熟茶。杨春 / 摄

在 2020 年 7 月 26 日采访时，老马则比较淡定，他说："现在市场上的挑（'神挑'）就是金融的一部分，高低轮回。只要你熬得住，总是卖得掉的。"

IVY 梁补充说："2020 年的这一波行情，就是因为疫情影响，很多行业不能出口，跨界的资金进入普洱茶交易市场，推高了大益部分茶的金融属性。

大益茶流通、收藏的多。我自己收藏的也比较多，看上一些好的品种我会进行收藏。茶叶不会辜负自己，只要你对它好，它就会对你好，前提是选好产品、跟好团队。"

好几个朋友对我说，具有金融属性的普洱茶还有一个特点——越少越贵。

对于普洱茶的金融属性，多数人都表示理解，但同时也担心过高的杠杆会伤害到行业的健康发展；少数人还是不赞同普洱茶的金融属性，害怕风险过高引发资金安全。2020年11月，我在佛山采访时，陈强（净心茶舍创始人）就说自己是不敢玩具有金融属性的普洱茶，就是炒股都要小心翼翼，何况是炒茶！他还担心普洱茶交易平台的资本风险，担心老板的信誉风险。这一切，都需要时间来解决，也是验证。

一个品牌要想自己的产品具备金融属性也非易事，需要广泛的认知、认可基础，要达到一定规模的交易量，并且资本要能获利。在这个过程中，资本投资方可能会收获个人财富的增长与生活品质的升级，也可能会血本无归、损失

惨重。作为芳村普洱茶交易市场的第一次洗礼——2007年崩盘，各路人马也承受了极为高昂的代价，领教了资本及其金融属性的火力之猛。崩盘之前的暴涨，那一件件被抢购的普洱茶，是星星之火，可以燎原，成就了芳村普洱茶交易市场金融化的开端；崩盘之后的暴跌，依然是相同的那一件件普洱茶，在瞬间无人接盘，这一前一后的对比，让芳村茶人、茶商初识了金融属性的魅力，更是威力。

经济发展在不同的阶段会展现出不同的层次，从计划经济到市场经济，再到金融经济，总得有第一次洗礼，知道其深浅，是为铺垫。当金融属性与普洱茶的交易相融时，金融属性这把双刃剑如何用好，成为他们的必修课之一。时至今日，第一次的洗礼依然具有极为重要的借鉴意义以及警示价值。

2020年11月，古桥茶街。我在杨盈的店里，陈剑洪（普洱茶投资人）说："感觉做大益茶的人，看什么都会以有没有金融属性的角度来看——会不会涨？有没有投资价值？"

2021年1月10日，2021年第九届

163

中国首席经济学家论坛在上海举办，中国社科院金融所副所长张明在会中发表演讲。他看好中国的五个区域，第一即是粤港澳大湾区，而原因也非常直接：市场化程度最高，创新与金融是两翼，是中国版的硅谷。

2022 年 2 月 18 日，云南省普洱茶协会 2021 年年会暨普洱茶产业健康发展高峰会在昆明举行。参会人员围绕"茶文化、茶产业、茶科技"等主题就普洱茶产业、普洱茶行业发展、乡村振兴、普洱茶走进微生物科技时代、普洱熟茶价值再造等展开热烈讨论。云南省普洱茶协会会长董胜介绍，2021 年协会提出了"引领行业，共商共建，创新发展"的办会理念。协会一直在思考怎样创新才能使整个行业更好地有序发展，建立

告庄，可以说是整个西双版纳州经济繁荣的缩影，且又与普洱茶产业的发展密不可分。告庄白天有白天的风景，晚上有晚上的风光。杨春／摄

经国家批准成立的具有普洱茶金融功能的交易平台，实现普洱茶金融属性，吸引更多的银行、社会金融资本投入到普洱茶产业中。普洱茶要健康持续发展，离不开金融和科技的支持。

2022年3月初，我再到芳村时，杨益一说："普洱茶的金融属性应该还有一个特征，即随时可以换物、换产品。这里有两个关键点，其一是随时，这样才能说明产品的流通性，通俗地说就是能够随时变现的能力；其二是以物换物，就是说在价值尽量接近的前提下，我们可以用这款产品去换另外一款产品，说明这两款产品都得到了市场的认可。所以，普洱茶的交易市场要有一个产品的收货价格，怎样才能换得更快，这就要求要有一个产品的出货价。当一个产品的出货价和收货价一样或趋于一样的时候，普洱茶的交易市场会更加金融化，也更加便捷，更有利于流通，而这背后，是消耗、收藏和投资作为支撑，二者的关系是相互促进的，是良性发展，因为，如果市场真的做到了这一步，就大幅凸显了其透明程度，大家都看得到，也看得懂，既有利于普洱茶交易市场的发展，

也有利于扩大消费市场、收藏市场与投资市场。"

在当下以及未来的市场竞争与商业发展中，不只是中国，全球的产业化发展与商业竞争都离不开资本及其金融属性。在很多产业中，市场遵循着"材料——加工——成品——品牌——金融"这条发展路线，发展的尽头是金融；在当下的金融经济领域更为明显，因为，资本本身就是一种生产要素，我们不应该以偏概全，更不能因噎废食，要发挥资本作为生产要素的积极作用，同时依法加强对资本的有效监管，有效控制其消极作用，为我们的经济与社会发展服务；我们不能忽视或轻视资本及其金融属性的积极作用，同样，我们也不能忽视或轻视资本及其金融属性的消极作用。怎么用、如何用好才是我们真正该思考的。

资本及其金融属性是芳村普洱茶交易市场发展的一个重要转折点，可能也是一次升级。芳村的普洱茶交易会在资本市场及金融经济高速发展的机遇中全新升级吗？

趋利，才是资本的本质与使命

2020 年 9 月 23 日，在观光路采访曾远全时，他说："芳村的茶商比较低调，也比较务实，其中的一个特点就是大家手里的现金流比较少，因为没有人那么傻——愿意把钱放在银行赚利息。我们都是喜欢投资，喜欢钱赚钱。"

曾远全所说的，其实就是资本的实质与使命。当然，资本有大有小，大至机构、公司，甚至国家，小至个人，而个人的资本也有大有小，大至几百万、几千万，甚至更多，小至零花钱，比如几千、几万。资本，不管什么样的渠道，也不管大小，有一点都是相同的，那就是趋利，都渴望能够赚钱。没有人跟钱过不去。

2020 年 5—7 月，芳村普洱茶交易市场上演了火爆的行情，整个市场处于兴奋状态，即是因为 2020 年年初疫情退潮后社会资本选择普洱茶、选择芳村普洱茶交易市场所致。资本会寻找合适的出口，不会选择静止不动。当然，结局有可能获利，也有可能亏损，同时也表现出了极强的敏感性。

哪怕资本市场上极具信心的茅台，也极为敏感。2020 年 9 月 16 日，茅台集团在上交所公开发债，准备把贵州省国资委所持贵州高速部分股权收入囊中，转让价款 150 亿元。从某种角度上来说，这是作为国有企业积极承担社会责任的表现，但资本市场显示了极其敏感的特性；9 月 17 日收盘时，贵州茅台跌幅为 3.16%，其实大家还是担心贵州茅台被贵州高速所拖累。2021 年 2 月 9 日晚间，贵州茅台发布公告称，将终止 4 个捐赠事项。在发布此公告后，其股价再创新高，2 月 10 日收盘涨幅 5.89%，其市值飙升至 3.27 万亿元，与前一个交易日相比，其市值暴增 1816 亿元。

资本市场上，任何风吹草动都可能影响到价格、信心以及预期，强如茅台也不例外，芳村普洱茶交易市场也不例外，微观与宏观皆有体现。从微观上来

位于观光路的南方茶叶市场中心馆 B 馆。杨春 / 摄

说，以大益为例，很多投资人都会研究（也可以理解为"解读"）产品，尤其是即将上市的新品。新品版面的每一个细节、产品原料的等级与产区及其所透露出来的厂家的意图——这种解读，甚至可以看作是一种猜测；很多投资人会关注厂家、市场所释放出来的各种信息，哪怕是市场里有人故意放出来的烟雾弹，也都会影响后面价格的走势。从宏观上来说，以普洱茶投资为例，市场会关注普洱茶行业发展趋势、大宗商品交易走势、社会经济发展趋势（房市、股市、消费水平等为代表）、区域竞争趋势，

甚至中美博弈、人民币汇率（升值与贬值），等等。这些都有可能会影响到普洱茶交易的价格，尤其是对普洱茶投资的未来走势的判断：看多，还是看空？

大环境对普洱茶交易非常重要。尽管这个大环境有时候也不是三言两语可以说清楚的，是社会很多领域、因素的组合所给人的一个对于未来的预期的判断，是一个广义的"势"。但大环境传递到个体时，往往又只是一种感觉，很微妙而不得不考虑、重视的感觉。所以，资本在投资时，即便如普洱茶领域的投

品质好的普洱茶，在时间里的不断转化是一次次升华，更是收藏、投资的重要指标。
卢树勋／摄

资，也需要考虑大环境，一般情况下是不建议逆势而为的。比如 2013 年行情好，赚不到钱自己就应该反思了；而 2014 年还想着赚钱，那也应该反思一下。

趋利是资本的使命，所以资本的趋利势不可挡。资本会千方百计寻找投资渠道或领域，哪怕最后证明那个渠道是错的，也会寻找可能获利的每一道缝隙，也会去试错。所以资本的渠道或者说投资领域一直在拓展，一直在变化。

几年前，我一直以为像消费者购买汽车类商品是不可能获利的——保值增值。汽车从出 4S 店的那一刻起，就开始了不断贬值之路，但这也只是我自己过去的认知。这种认知就有自己的局限性。某些超豪华品牌及其部分产品，在厂家的运作下，在市场的角逐中，还是做到了保值增值，开了几年后居然能涨价卖出去；有些品牌的贬值率则非常低，也算是向保值功能靠齐，比如我们熟悉的丰田普拉多、奔驰大 G，也在一段时期内硬生生地变成一款"理财产品"，似乎匪夷所思，却真实存在。

还有人炒鞋。球鞋市场最狂热的 2019 年，炒鞋圈子里的不少人都因此获利。球鞋都能囤积起来赚钱，以阿迪达斯、耐克、乔丹为代表，又以设计师款、限量版、网红版为最。其实，之前这也超出了我的认知，会觉得买鞋子的人是不是疯掉了？可是，还真的有人愿意买单。一个愿打一个愿挨，好像也没有什么错。炒家赢了几次，是不是就会误以为一直会赢下去？最终折戟于 2021 年 4 月，炒家受到了一万点的暴击，顿时势衰而败。

2021 年 6 月，漳州片仔癀异常火爆，吸引了部分投资者的目光，尤其是黄牛党最为积极，而投资者中，不乏茅台投资者，甚至打出"茅片组合，天下无敌"的口号。至于结局，时间已经验证了，但不得不说资本确实敏锐。

这个世界变了，很多东西超出我的想象，或许这个世界本就没变，一直是资本在暗流涌动，并推动各行各业的发展。我们所看到的缤纷世界，只是表象，背后都是资本基于趋利的使命在不断地晃动、跳跃。像上面提到的两大类商品，对于我来说，可以无动于衷，因为就像普洱茶一样，我们在结合自身需求的前提下，可以选择的空间实在太大了——车是代步，有钱的话可以适当升级，以此提高生活品质；鞋子就是穿的，几百块钱的也很不错，干嘛要去追捧市场炒作的鞋子？普洱茶就更明显了，喜欢大益，也有上百款物美价廉的产品可以选择；不喜欢大益，那有成千的品牌、上万的规格产品可以选择。

我个人不能接受的是资本追逐民生领域，例如"姜你军""蒜你狠""向钱葱"。尽管我自己不喜欢吃蒜，但对于很多北方地区的朋友来说，蒜是生活必需品，是无法替代的。2021年6月13日，山西晋中的朋友许珈源在微信上对我说："山西人吃面，尤其是焖面、烩面，一口面条再生咬一口大蒜，并且是每年新下来的大蒜和面一起吃才叫'上品'，仿佛那股辛辣、生脆的劲儿

普洱茶近二十年的稳定发展，为云南茶农增加收入，促进了云南边疆地区的发展。
大象来了茶院 / 供图

能把面条的醇香激发出来；尤其是山西的后生，不用像姑娘们那样注意形象，吃得哧溜哧溜的，蒜香与面香交织着。这样的饭才叫吃着香，下肚饱。"

我在兰州上学时，就感受到了兰州人对蒜的感情，特别是在每天光顾的牛肉面馆，餐桌上如果没有一盘蒜，还得是免费的蒜，那店家得有多抠、多黑？

至于说之前资本热衷的炒房，大家都懂，并且也在2021年逐渐消退了，同时打破了只涨不跌的神话。

资本会青睐一切能盈利的渠道、领域进行投资。但凡能获利的，最好是稳妥获利的，资本皆有可能介入。资本是水，不好不坏，关键是看使用它的人。这一点，是让部分人比较纠结的，因为他们希望资本能"上善若水"，但资本的本质与使命大概会让他们失望的。因为资本是无情的，甚至是残酷的，而我自己或许也在这部分人当中。那些恶性事件后面的资本，包括我自己在内的这部分人从情感上来说，是希望资本市场能抛弃无良的上市公司的，希望资本市场能顺应民意，希望资本市场能具有一定的良知，但，并没有，依然有人在买进其股票。这就是资本市场的残酷性，也是我们的无奈。

资本的趋利就像风，能吹进任何一道裂缝中。哪怕这道裂缝细如丝，抑或宽如峡谷，至于是死胡同还是价值洼地，只能以结果来论。如果资本选择错误，那就成了小学语文中的"小猫种鱼"了，当然一般情况下资本不会这么傻，但也不排除例外。所以，作为事实上已经获得商业回报的普洱茶投资，尤其是大益茶的投资，社会资本还是比较青睐芳村的。基于历史、现实与未来前景，基于普洱茶的特殊性（越陈越香）与普遍性（有益健康），这是资本愿意看到和投资的。

2020年9月，我在芳村采访时，有熟悉普洱茶交易的朋友对我说："在芳村能看到唯利是图的人生百态，我们看钱不看人，这里的生态很微妙。利益是坚固的纽带，这但又是可以多重理解的，可以看长远一点，不要蹲在芳村做短线投资，要做消耗，要影响更多的人来喝普洱茶。人更多，市场才能不断做大。这才是长远，才是生意，才是我们努力的共同目标。"而这，又不局限于芳村，不局限于普洱茶行业。

广东有一句谚语很形象，"又要老婆靓，又想嫁妆便"，所表达的还是不要太贪心，不赞同白日做梦，任何投资都是风险与收益的结合体，想要获得潜在的收益，就必须承担相应的风险。我们不能只看到收益的一面，不能选择性地忽略风险的那一面。只要是投资，就有风险，尤其是在资本市场上。相信很多人都深刻领教过资本力量的强大。资本如水，"水能载舟亦能覆舟"，任何时候的投资都要警惕可能存在的风险，因为资本具有反噬的力量。如何确保自己不被反噬呢？

2020年7月，陈泽丰说："有人说我们是在澳门威尼斯，有人说我们是在华尔街，怎么说都无所谓。别人怎么做价值投资，可能不太完全对，但那是别人的权利——十年后，要上涨到多少？自己心里没底，或许可能有资本推动会上涨，或许放十年也没有涨那个价钱（不到心理预期的价格）。一切不得而知。这是我自己的理解，投资时要尽量理性、谨慎。"

2020年9月的一天，我在茶博园采访时，大观的一位小伙伴说："如果一款茶快速上涨，比如近期的'古街'，那就是把芳村当作提款机了，可能是外面的资本进来。"

2020年、2021年，我在芳村采访时，很多朋友都认为投资普洱茶不要过于高估自己的能力。即使你水平再高、资本再雄厚，也需要尊重市场规律、敬畏资本的力量；如果你觉得自己厉害到可以摆脱地心引力——超越市场规律、无视资本力量了，那估计也在悬崖边上了。不要忘记2007年的崩盘，那是血的教训，是真金白银的学费。

熟茶工艺
RIPE TEA CRAFT

原料选择
古树或大树全程守采(求"真")

发酵环境
304 不锈钢台离地发酵(洁净高标准)

发酵温度
小于60℃(不产生腐败菌)

发酵时长
45 天(保留内含物质)

茶汤香气
木质香、果香,无水味、堆味

新茶滋味
滋味饱满,老生茶感

后期转化
茶叶保留内含物质,越陈越香,转化可期

后月熟茶

喝得到的老生茶滋味!

很多人与普洱茶的缘分,或许简单到一次邂逅、一个决定,便可能伴随一生,甚至成为事业。2015 年,从昆明到西双版纳,第一款众筹古树茶(六山饼)的问世开启了后月古茶的创世之旅;直至 2023 年初秋,易武之春上市。这条独特的众筹茶之路为很多普洱茶爱好者提供了一个很亲民的选择。从出差到常驻,从生茶到熟茶,勐海成为后月古茶的一个显著的印记。寻茶路,也是人生路,有布朗山的起伏、滑竹梁子的险峻,也有县城的忙碌与生活,产品不断出来,而岁月也缓缓而过。

投资大益，
只是资产配置的一个选项

为什么要投资大益？为什么不能投资大益？这两个问题其实都是一个问题，也都不是问题，反对的声音或许是过于敏感了一点，总觉得投资大益是非常不靠谱的一个选项，甚至是一个爬不出来的坑；赞成的声音应该是从大益的

投资中获过利，自然支持。我们可以从投资的角度来看待这个问题，投资大益只是资产配置的众多选项当中的一个，并且这只针对对大益茶有兴趣的人或者说看好投资大益收益的人。如果对大益没兴趣，那资产配置的选项当中都不会

位于昆明翠湖的大益超级体验馆。杨春／摄

出现大益。

资产配置，是有一定资产的个人、家庭的投资需求，也不一定是大佬级别、富豪级别，只要是资产达到一定水平的个人、家庭，都有这个实际或者潜在的需求。他们考虑的是对冲通货膨胀、保值增值等现实的诉求。理论上，所有的人都应该有投资的需求，都有对钱生钱的渴望。这跟求生欲一样，是人的本能。当然，基于个体的财务水平差异，投资能力有大有小，而当下的投资市场也十分"体贴"，不缺乏小额投资的渠道。如果你不嫌弃收益小到近乎可以被忽略，那1000元，甚至100元也能找到合适的投资渠道，比如纸黄金、余额宝，也可以是大益茶。

个人、家庭如此，就更别说专门的机构、公司、财团了。没有人，也没有一家机构希望自己的钱是死钱，都希望钱能生钱。

前提是，这需要有投资的理念，也要有风险承受能力。这样的话，哪个领域、行业能够钱生钱，资本便有可能投资这个领域、行业，且选项与你自己的兴趣、圈子有关。2021年5月11日，熟悉投资领域的程静（普洱茶爱好者）在微信上对我说："投资实际上就是一个输送资金的过程。一般情况下可以分为三类，分别是证券投资、资本投资（实体）与实物投资。证券投资是以货币购买企业发行的股票、债券，间接参与企业利润分配；资本投资是以货币投入企业，通过生产经营活动取得利润；实物投资是以货币购买一定领域的实物以期在未来可预见的时间内获得增值收益，大益便是实物投资的一个选项。定时收入的固定数额的钱，沉淀在手中，退出了经济流通，不能增值获利，就变成了'死钱'。只有让钱滚动起来，在流通中增值获利，不断地盘活手中的钱，财富才能不断增加。"

生活当中，我们常见的资产配置的选项有房产、股票、基金与银行理财产品、期货，还有人比较偏爱贵金属，如黄金、白银；有人偏爱钱币（包括金银纪念币）、古董、艺术品、邮票、虚拟货币。程静补充说："还可以投资商业保险、债券等，像某些品牌汽车的限量版、某些品牌包包的限量版，甚至某些门类的绝版图书都具有保值升值的功能。"

资本有天然趋利的冲动。但任何投资都有风险，投资要有风险承受能力。如果不具备这个能力，那把资金放在银行是比较合适的选择。正因为考虑到投资风险，所以很多个人、家庭与机构的资产配置呈现出多样性，不把所有的鸡蛋放在一个篮子里，以此分散投资风险，

也不排除有人会作出单一选项。

客观地说，只要社会还有资本，那资本无论如何都会寻找出口。这个出口可能是前面所提及的各种渠道，也可能是茅台酒、普洱茶；只要能流通，最好是快速流通，在安排资产配置时都有可能会作为选项之一。而在普洱茶行业中，可能是大益，也可能是今大福、雨林等品牌。至于选择哪个，全看个人考虑，我的朋友墨菲（江苏淮安人）就偏爱理

位于古桥茶街的厚为是一家普洱茶交易平台。杨春／摄

财产品、基金。她认为理财产品相对保险一些，基金不会像股票那样瞬间就没了，但也只是相对。因为所有的投资都有风险，还跟大环境有关，在市场不稳定的大背景下，无论是专业的投资机构，还是小散户，赚钱都会变得不那么容易。程静则偏爱股票，她认为投资大益不是每个人的必然选项。

2020 年 9 月，在天易采访彭晓峰时，他也认为："大家在投资大益的时候，也在投资股票、纸黄金。"2020 年，我在芳村的几次采访中，就遇到好几位外地（非广东省）客户，他们既关心芳村的普洱茶交易市场，也关心股票市场；他们既投资大益茶，也投资股票——我在大观茶博园老店喝茶时，看到他们在询问大益茶的行情，但手机屏幕显示的是股市行情。

2020 年 7 月 26 日，我在大观古桥店采访时，邓先生说："茶与中国文化是一脉相承的。如果有人喜欢炒茶，是无可厚非的，跟炒黄金、炒房一样，这本身就是市场经济与社会发展中的一个规律。"

2020 年 9 月，我在昆明采访刘治皓时，他说："现在有些人买大益茶，或许已经不能说是纯粹的投资、追求回报了，而是出于资产配置的考虑。在不在资产配置的范围内，所以没有那么复杂，只是在预期收入、风险、便捷性等方面平衡后作出的一个选择。现在大益出品的部分新茶的风险偏高，老茶的价格也高，所以还是比较推荐中期茶，毕竟有实物，行情出现问题也不怕。投资大益时，可以考虑价格偏中间、偏低一点的产品，放个几年，还是有收益的，不要贪心。作为资产配置的考虑，在保值的基础上尽量增值，跑赢通货膨胀。"

投资大益，难，还是不难？说难也难，毕竟资本市场上大益已经较为成熟，也确实需要钻研才能不断接近核心；说是一门学问也不为过，芳村普洱茶交易市场里的老字辈也不敢掉以轻心。说简单也简单，如果不玩大的（投资），那或许只需一个沱茶就算进入大益的投资市场了，因为价格比较低，分量也轻（真的是分量轻，主流规格为 100 克 / 个）。

2020 年 9 月，洞企石路。F 先生对我说："大益茶市或者说芳村普洱茶交易市场具有明显的开放特征，是一个非常开放的市场，并且它的门槛非常低，低到很多人都可以投资，你几十块钱买上一个 V93 沱茶就可以算是大益茶的投资者了。你这样买一个沱茶，算不算投资？算不算炒茶？问题是，现在 501 批次 V93 沱茶（生茶）是很难见到整件的，按'个'交易是很正常的。"2010 年 003 批次 V93 沱茶约为 28 元 / 个（2021 年 2 月初大益行情网），而 501 批次 V93 沱茶（生茶）价格在 400 多元 / 个（2021 年 3 月下旬大益行情网）。

投资，考虑的因素不止有价格，还有数量。任何商品，只要数量达到一定级别，所需资金也是可观（巨大）的。在交易的时候，量大，收益就大；当然，如果亏损，损失也大。F 先生说："门槛低不代表不能往大（的规模）做。就拿几十块钱的沱茶来说，依然可以做到几千万的交易。"

当然，如果投资大益，也需要在选择产品之前进行各方面的评估。F 先生说："芳村的资本在投资大益时，会从短期、中期、长期三个方面进行考量。通常情况下，短期要尽量回本，中期要开始赚钱，长期要多赚钱。作为小散户，最坏的情况是短期亏损，那就把产品仓储好，等到资本中期赚钱的时候，他们就能回本或者小赚；等到资本多赚钱的时候，他们也能跟着多赚点。"

我想要说的是，投资大益茶不是每个人资产配置的必然选项，更不是唯一选项，但也是一个选项；你可以选择，也可以不选择。结合我在广州、昆明采访到的实际情况以及全国各地的朋友反馈的信息来看，不管是投资大益，还是投资其他，圈子与氛围非常重要，当然，盈利更重要。

那我选择投资什么呢？首先，你等我搬会砖。

大益 501 批次 V93 十年磨一剑沱茶 250 克（生茶）。阿宣／摄

大益 502 批次 V93 沱茶 250 克（熟茶）。胡楚峰／摄

炒股好，还是炒茶好？

炒股好，还是炒茶好？这个话题很有对比性，也很有趣。二者都属于投资范畴，各有利弊，不同的人持不同的观点，包括风险认知、收益认可度，所以我们不能说谁对与不对、谁智与不智，还是要彼此尊重和包容。不同的圈子碰撞在一起，生活才好玩。

2020年11月的某一天，我在芳村采访累了，就跑去番禺万博玩。殷生（番禺蓝泉斋茶行创始人）的蓝泉斋茶行在写字楼，专门服务那一带的商圈。那天去，刚好遇到殷生的几位朋友都炒股，我就跟他们聊起了炒股与炒茶这个话题，所以休息最终还是变成了工作。

殷生更认可炒股。他认为股市与大环境的关系比较紧密。他说："股市的行情一波动就想做差价，一做差价就死掉。这是短期的玩法。炒股还可以选择长期持有，但这个与社会经济、产业发展息息相关。归根结底，是看好国家的长远发展，看准发展趋势中的相关行业。这个非常重要。

"但你知道的是，所谓的'看'不是猜，不是赌，而是建立在理性的商业逻辑基础上作出的判断与投资。并且，一旦看好，还不能进行短期持有，因为不划算，要选择长期持有才更有价值。做股票就是信心，就是信念。你要相信我们的国家会发展得更好，要有这个信心，不然，就不要长期持有，甚至都不用考虑投资股市。

"股市有涨有跌很正常。凡是投资皆有风险，有时候投资亏损是情理之中，赚钱反而是意外，不能患得患失，所以即使亏损了也没什么好抱怨的。炒股经常受折磨，跟芳村炒茶差不多，卖还是不卖？"

炒茶与炒股有相似之处，也有不同之处。图片源自 2007 年 5 月 19 日《羊城晚报》A9 版。

　　一起聊天的一位朋友比较年轻，感觉还不到四十岁，他的投资方向是股市。几年前他投资 5 万元在一只股票上，现在已经翻了很多番。殷生说："他在投资之前做了大量的研究，也有技巧；这个也是命，我自己就没有那个命。"

殷生一边说一边叹气，接着说："炒股就是 1：9 的比例，能赚钱的只占到 10%。"

　　殷生选择在万博商圈的写字楼里卖茶，紧挨着地铁站，觉得能把万博商圈

永利茶业是一家交易雨林茶的平台。杨春／摄

的生意做好就很不错了。他主推西双版纳产区的茶，尤其是布朗山的普洱茶；他就做零售，通过朋友圈、视频等方式推广；更多的时候，他选择先赠送茶样，对方喝了后喜欢再买。他说不勉强，不喜欢就算了。

在殷生的店里，每天来玩的朋友非常多，多的时候能到五六十人。他说交朋友嘛，开心也很重要，不一定非得做生意才开心。那天，他的员工没有来上班，他自己撬茶样，但碰巧是砖茶，压得比较紧，很难撬；他说这款砖茶很好喝，也好卖，卖出去了几万块，很受欢迎。

不过，不管投资什么，圈子很重要。我几次到殷生那里，遇到过好几拨他的朋友，他们谈论的几乎都是股市，芳村的普洱茶交易不在他们的话题里。

程静也认可炒股。2021 年 5 月 11 日，她在微信上对我说："股市与国家的经济形势密切相关，炒股有规律可循，有成熟的市场，有政策监管，因此对我来说炒股比较好。"

陈强是被普洱茶耽误了的炒股人。他喜欢普洱茶，空闲的时候会看看股市，这几年也投资了一些股票。2020 年 11 月，在佛山采访时，他说："炒股的风险都比较大，何况是具有金融属性的普洱茶，不敢玩。"之前他也投资过大益茶，量少、价平的那种。如果在炒股与炒茶之间做选择，陈强会选择炒股；如果在股票与普洱茶之间选择真爱，那毫无疑问，他会选择普洱茶。

王蓝也会毫无疑问地选择普洱茶。2020 年 9 月 18 日在采访王蓝时，她说："我没有炒过（股票），从来没有炒过。收藏、投资普洱茶如果失败，我们可以利用时间把利润拉回来。时间是股市与茶市的共同点，二者都需要时间，需要我们的耐心。炒股，也可能是买十年的时间去赚钱。我身边就有朋友买了茅台酒的股票，从 100 多元涨到 1000 多元，对方也是选对了股票，并且选择了长期持有，才能分享今天的收益。

"这跟收藏、投资普洱茶是一样的道理，六星孔雀十五年前 3 万元一件，谁会想到现在的价格呢？如果你当初没有抛售，没有选择做短线投资，而是选择长期持有，那现在的收益也很不错；如果你当初选择短线，在涨到 4 万元时就卖了，又把钱投到另外一款产品上，那也就无缘今天的收益。

"炒股有时候赚钱也很快的。炒股所需要的资金是收藏普洱茶的很多倍，要知道自己的渺小，要敬畏资本的力量。收藏普洱茶不需要拿其他来对比。"

说起茅台，很多人都感叹现在不仅喝不起茅台酒了，连茅台股票也买不起了。2021 年 1 月 13 日，贵州茅台股价开盘大幅波动，盘中从最高 2173.33 元震荡至 2136.8 元，最后以 2164 元收盘，牢牢坐稳 A 股总市值第一名的宝座，总市值达到 2.7 万亿元。而在 10 个月

大益 7542 作为普洱生茶的标杆产品，在消费市场拥有较高的知名度与美誉度。
杨春 / 摄

前，现任茅台集团董事长高卫东上任的 2020 年 3 月 3 日，贵州茅台股价还为 1095.97 元 / 股，总市值 1.38 万亿元。时间再往前推，在 2019 年 1 月时，其股价还仅为 500 元左右。谁能想到茅台在资本市场的表现这么好呢？在 500 元的时候，有多少人敢买呢？又有多少人买后敢选择长期持有呢？

选择有多重要？重要到不知道该如何表达，而那些选了獐子岛的朋友应该深有体会，第一年，"扇贝跑了"；第二年，"扇贝又跑了"；第三年，"扇贝还是跑了"……你得发动卫星找扇贝。

2020 年 9 月，我在中心馆采访彭婉。她比较谦虚，说自己没有炒股，不太懂股市，而她本身就在做茶，精力也不够；

她身边就有专职炒股的朋友。炒股也需要学习很多东西，对方也赚到了钱。炒股与炒茶有各自的群体。

邓先生更认可炒茶，说："炒股的话，要对一个公司进行调研，有真正的了解，但这很难。普洱茶的话，相对容易了解，你能确确实实地品尝，好不好喝？值不值？行不行？我们可以试喝，见证每年的转化，预测将来的口感变化，并预测将来的价值。

"茶市跟股市不一样，当然茶市也不排除有品质差的茶。相比股市，茶市更稳定一些，很多人选择长期持有，一般情况下不会出现恐慌性抛售。如果品种收对的话，茶叶会升值；如果品质不坏的话，会越来越贵，是固定的稳定增长，是正增益，前提是不要放坏，缺点是仓储有专业的要求。我认识很多朋友，是把股市的钱退出来投资到芳村的普洱茶交易市场，还是比较看好芳村，看好芳村的普洱茶交易。"

2020年11月下旬，茶博园。李静（大

观经纪人）认为股票在下跌的时候可以一键卖出，可以及时止损；但普洱茶在交易的时候有一个弊端，就是卖出去的时候跟行情的关系比较大。如果行情好，那套现比较方便，价格比行情适当低一点，还是很容易被下家接手，这样就能把资金腾出来；如果行情不好，那就有点困难了，"神挑"就是一个佐证。好处是，行情实在不好，可以把茶叶留着，有实物在就不怕，等行情好的时候再出售。

因为炒茶有实物，所以实物是很多炒茶人考量的一个关键因素。

2020年9月18日，茶博园。王梓尧（恒尚茶业创始人）说："炒茶跟炒股的模式很像，炒股是比较虚的，开个户就行，看到的是一串数字。而炒茶则有一个物质的东西，如果炒茶炒亏了，可以选择放着，那至少还有茶叶在。当然，炒茶也不容易，至少要先入行，最好懂茶，这样更有利于投资。"

2020年11月，茶博园。老马认为

茶叶跟股票还是不一样，存茶不是存票据，存的是实物，实物是主体；存茶的人喜欢这个主体，才会选择中长期的持有（投资）。

炒股与炒茶都有风险。2020年9月，观光路。陈泽丰说："我在2015年的时候被股市打得头破血流。深夜12点，我买排名涨停板的股票，也买到了，但从涨停到跌停不到10分钟，第二天继续跌停，第三天还是跌停，第四天我在跌停板卖出去，结果才卖出去市场就拉涨停，损失四成。我整个人都蒙了，感觉很惨。后来就想，还是回来继续做茶，老老实实搬砖。股票，我坚信还是可以玩，但从此用'敬畏'这两个字，不能患得患失，不能一错再错。这是血的教训，买错了就算了，不要急着卖出去。现在，我还是以做茶为主，股票适当买一点，当作是投资的辅助手段与渠道。"

2020年7月26日，在大观古桥店采访吴小姐时，她说："我也是在2015年的时候才投资股票的，到现在

2201 银大益。阿娇／摄

（2020 年 7 月）都亏，亏损 50% 左右。资金总要有一个投资渠道，有些人觉得投资普洱茶不正规，股票比较正规，但股票也会亏损。只要是投资，风险都是同样存在的。"

资金确实需要渠道进行投资，这是使命，所以有的人选择股票，有的人选择普洱茶，而有的人都选择，不管选什么，只是一个渠道而已，都是为了一个更好的收益。2020 年 9 月 18 日下午，我在大观茶博园老店喝茶，遇到一位黑龙江的朋友来大观了解普洱茶的市场行情。他拿着手机在看，看的是股市，多数是飘红，只有 2 只股票是绿色。

2020 年 7 月 26 日，刚好周日，老马说："明天周一，股市不管红绿，都会有钱出来，进入到茶行业。"

炒股好，还是炒茶好？有人选择股票，有人选择大益，还有人左手股票、右手大益，自己喜欢就好。

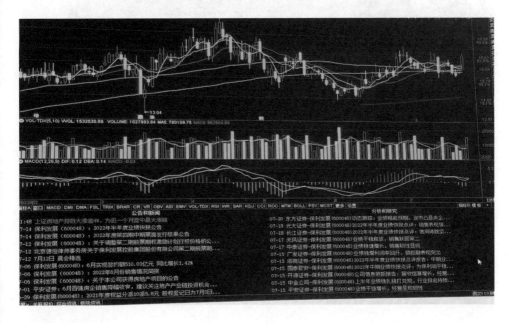

股市图。程静 / 摄

交易平台:
市场需求与资本投资的完美对接

勐海茶厂布朗山基地。杨春／摄

芳村普洱茶的交易离不开平台，这个趋势会越来越明显，换句话说，平台在以后的普洱茶交易中的分量会越来越重，既可以看作是普洱茶交易市场专业化的体现，也是行业发展的必然结果，还是资本的需求，更是要求——趋于专业化与规范化、规模化。

说起芳村普洱茶的交易平台，可能很多人第一想到的便是东和，其业界的地位与影响力不容置疑。2019 年 9 月，我在芳村采访陈军日时，他说："我自己所做的事情就是茶行业服务里的中介。从一般意义上的档口生意到中介服务的转变，就源于这个简单的想法。做中介服务之前，我刚好经过家下面的一家房产中介，于是就把自己的公司定位为茶行业的服务公司，为芳村的普洱茶销售提供中介服务。"陈军日的这个想法似乎也确实简单，并且落地后被芳村同行笑了整整一年。估计当时的他也没有想到东和会做到今天这个程度，成为行业的领军者，甚至成为普洱茶交易的代名词。2020 年 11 月 20 日，我在广物采访杨益一时，他也说东和是在 2010 年成立。

2020 年 11 月 23 日下午，我在启秀茶城采访裴子超时，他说："我认为芳村的交易平台是在 2012 年之后慢慢发展起来的，之前没有，或者说不太成熟，只是雏形。芳村最早的模式就是夫妻店，到 2012 年才有成熟的交易平台，才有团队的经营。团队容易做的就是裂变——不停地招人、培训，这样容易复制，并催生出更为细分的商业发展模式。夫妻店需要找原料、客户，找厂家、经销商、渠道商，而平台分得更细，也更规范，意味着普洱茶交易市场更成熟。"

杨益一在 2014 年创建平台，即易杨堂，之前也是夫妻店。他说："现在的平台都是大同小异，除了正常调货、交易外，行情网都差不多，提供报价、资讯服务。区别是各有特色，比如大观，他们观察行业比较深、写的行业文章比较厉害，在市场里有影响力；比如东和，他们有自己的想法，不做期货，平台调价有优势；调价是因为他们是行业风向标，而调价又能产生利润；再比如我们，易杨堂的特点是批发，一件批发，一饼也批发，这样品种就能增加，最后量增加了，买家也就多了，就像进一个综合

189

友福茶叶是一家较大的普洱茶交易平台，涉及多个品牌，市场以广州芳村、东莞、深圳为主。
杨春 / 摄

超市，商品种类多了，能吸引更多的人进来，就有了规模效应。"后来我经常看到他在推广的小程序"藏售管"，人气还比较高。

邓先生则评价大观比较客观、中立，并且有一点与杨益一的观点一致，邓先生认为大观原创的行业观察文章写得很专业、很有水平，是从一个旁观者看待市场的变化与发展。

有朋友对我说，大观就是这几年发展起来的，定位精准（以绝对的精力做大益茶的交易），并且非常迅速。2020年7月，在茶博园采访老马时，他说："2016年之前，我们主要是做大益的中老期茶；2017年，开始介入大益的新茶，但主力还是放在中老期茶上……我们也是借着大益的东风而发展。"

作为当下交易平台的头部企业——东和，很多人还是比较认可的。杨益一说："东和是这个市场的行情的尺度，大家都在看。"2020 年 9 月，我在芳村采访时，熟悉芳村普洱茶交易平台的朋友说："至少目前，只有东和是验货与经纪人分开的，其他平台都要求一个人同时具备验货、经纪人的职责，或者说能力。"

据熟悉芳村市场的朋友透露，有几家平台是以做期货为主，如亿人、易茶、艺馨坊、东傣、永祥、厚为、宫印、百家赋等。

2020 年 11 月，我在古桥茶街采访时，杨盈说："也不能说他们就只做期货或者以做期货为主，他们是习惯做市场的期货与现货的交易，随行就市，不同的行情阶段侧重点不一样，还是要结合市场来运作。如果平台做行情资讯的话，还是要尽量保持中立，尽量做到客观。要做到这一点也不容易。你知道，当你自己参与进来的时候，再加上外部的某些因素，可能你的心态会发生微妙的变化，从而很难做到保持中立，但还是需要朝着这个方向努力，这样才能更具公信力，更有影响力。"

作为普洱茶最重要的销售地区，珠三角地区普洱茶交易是最频繁的，且平台也是最多的。也是在 2020 年 11 月，

需要承受时间的代价，才能享受一杯普洱茶转化所带来的醇厚口感。卢树勋／摄

大益，无论从交易市场、品牌推广，还是终端体验、包装设计，都为普洱茶行业提供了一个极具参考价值的范本。大观茶业／供图

杨盈说："截至 2020 年 11 月，广州、东莞与深圳这三个地方就有 46 家平台，陈茶汇能排在前五。"而到了 2021 年 8 月初，我在芳村采访时，继续补充关于平台的内容，杨盈说："现在广东省有 50 家平台——规模在 10 个人以上的。东莞有 9 家，其中东傣是做得比较大的，从人数来说的话；大部分平台还是在芳村。不同的平台有不同的侧重点，有做现货为主的，有做中老期茶为主的，但还是要根据市场的实际情况来，灵活调整业务，而每天都有（勐海茶厂）改制前产品成交的才称得上中老期茶交易平台，这样的平台现在最多 3—5 家。市场行情报价网，芳村目前有 20 家，影响力比较大的是东和、大益行情网和找茶。"

有一点值得我们注意，即芳村普洱茶交易市场中大多数的交易平台以及行情网皆是以大益茶为主、以其他品牌为辅；部分品牌随着市场的发展也有了自己的交易平台，如古桥茶街的美美大茶园专门交易八角亭产品、合和昌行情网专门介绍合和昌产品。2021 年 8 月初，我到芳村采访时居然在铭城茶都看到了交易老同志中老期茶的平台，但在 2020 年的时候并没有在其他地方看到（当时铭城茶都旧址是仓库）。

2022 年 1 月 23 日，我在昆明康乐茶城采访的时候，有熟悉八角亭品牌的

朋友说："八角亭的消耗非常大，卖出去的茶最后很难再买回来，基本可以判断是被喝掉了。"而从我身边所得到的反馈来看，老同志的茶绝大多数也是被消耗了，买老同志茶的消费者都是为了喝，性价比高。

2022年3月上旬，我在芳村采访时，看到了多家经营雨林古树茶的公司有自己专门的交易平台，如洞企石路新建的广东省土产茶叶市场里永利茶业的雨林交易平台、古桥茶街里守一茶业的雨林行情网等。在芳村茶叶市场，交易大益的平台众多且竞争激烈自不必说，大益之外，其他品牌的交易平台也在快速发展，朝着专业化前行。

平台的价值还是得到了市场、投资者的认可。2020年7月，我在芳村采访时，杨盈、IVY梁、吴小姐、老马、彭晓峰、阿宣等人对交易平台都给出了自己的评价。2020年9月，欧阳（双盈经纪人）在交易沧海时没有操作好，杨盈建议欧阳在交易的时候还是要多看看平台，跟着平台走更合适（把稳）。

2020年7月26日下午，大观古桥店。IVY梁说："我过去是在体制内工作，过去茶叶出口的量很大。2012年，我从体制内出来，自己做进出口贸易的服务工作，就是代理报关、提供服务，类似于现在芳村做大益茶的平台。每个平台都有自己的方式，都是共同为芳村普洱茶的交易做努力，推动行业的发展，平台的从业人员也越来越年轻。我希望芳村的普洱茶交易能够百花齐放、万紫千红。"

吴小姐说："（芳村的普洱茶交易）以前是小档口生意，现在有了平台、品牌，我自己选择跟口碑好的平台交易，一般不会有什么问题。现在的平台跟以前的中介炒房一样，可能会出现跑单等

问题，一个新事物需要时间，也需要自身努力，去不断完善。市场也会逼迫着平台不断完善，毕竟平台之间也有竞争。

"普洱茶的交易需要验货。仓储很重要，要保证品质，这需要比较专业的人来做，需要选择靠谱的平台，这样我们这些投资者才放心。不管什么交易，要有一个保证。茶叶首先要保证没有问题，仓储没问题，货没有问题，这个是

天下茶仓是一家普洱茶交易平台。杨春／摄

最关键的，之后才是能不能赚钱。投资者会挑选口碑比较好的平台去交易，这是人的本能。而平台化交易，是趋势，以后应该会越来越集中。"

当然，平台也有风险，这也是部分人（包括投资者与外界观察者）担心的。如何规范、管控与降低风险呢？

2020 年 9 月，茶博园。老马说：

"如果清醒的话，平台的角色就是搬砖，就是做好服务工作。有时候，平台会被（市场）形势牵着鼻子走。从平台管理的角度来说，期货的风险是最大的，管理员工投资期货的难度也是最大的。做平台是有一定风险的，但我们对时间、金额做了硬性限制，以此降低风险。现在我们的平台如果期货投资亏损，那一条线上（参与的人）都要出来承担，包括交易员、卖家、买家。我们的平台是

合和昌行情网，是一家交易合和昌普洱茶的平台。杨春／摄

在2010年开始的，当时招了几个人一起做交易，慢慢摸索；门槛要高一点，需要标准化。平台是不愿意坑朋友、坑投资者的，不然影响口碑，而口碑又是芳村的通行证。"

有一点可以确定的是，对于普洱茶的期货交易，芳村的交易平台目前也形成了一套自己的体系，即共同承担。

2020年7月27日的晚上，我和阿宣在彭晓峰的店里聊天。彭晓峰说："现在的靓仔比老板还厉害，博弈心态比较严重。如果老板管理不慎，靓仔一个单就可能把公司的调动资金用完。"这可能存在违规操作。

共同承担，包括承担利润与风险。这就可能存在差别，并不是每家平台都

彭晓峰已在芳村茶叶市场经营多年。杨春 / 摄

有这个气量或者说具有这个实力。赚钱的时候大家都好，而亏钱的时候就显示出区别来了。2021 年 8 月 5 日，古桥茶街。杨盈说："如果业务员亏损，有的平台是对半开，平台赔一半，业务员赔一半；有的平台是业务员全额赔偿，平台不承担损失；有的平台在与业务员共同承担的时候，还得让业务员支付利息，而利息又有高低之分，利息高的话，其实压力还是有点大的。"

2020 年 9 月，在采访彭晓峰时，他认为公司（平台）应该设置额度，类似于银行的授信额度。如果业绩提高，就提升额度；这个根据个人能力，每个人的额度都不一样。好的经纪人，一心为客户赚钱，具备专业的鉴别能力、市场的洞察与分析能力，为客户作出理性的分析。他说："从来不会拦着别人买哪一款茶，也不会去过分推荐哪一款茶。"最后，他感叹这个事情要用"卫星"定位，不能按常规思维来考虑。

在规避风险的问题上，交易平台也在努力、探索。比如入职前，提前沟通好注意事项；入职时，签署一份保密协议；辞职后，如对方还继续在这个行业、在这个市场里，那公司还是发布一个信息比较合适，这些还是很有必要的。交易资金的规范管理也极为重要，不然就可能会出现 2020 年某平台的员工跑路事件，最后影响到公司的日常经营，更影响口碑。

2020 年 7 月 26 日中午，茶博园，我遇到一位籍贯为湖北襄阳、在广州生活的高先生（大益茶爱好者）来大观交流。他说："普洱茶交易需要一套标准的体系，网上交易见不到面，这个是缺点。如果有一套标准化的权威的体系就

亿人是一家以交易大益茶为主的平台。
杨春／摄

美美大茶园是一家以交易八角亭普洱茶为主的平台。杨春／摄

好了。市场上的假茶还是有点多。前些年我在网上买了几饼20世纪90年代的茶，但感觉是有问题的。大家想找年份的标注，但都没有找到，大家都靠猜，后来就有（标准）了，慢慢成为一个更大的市场；普洱茶交易不能在一个小圈子玩，市场化就是规范、标准、公信力，大家一起做。"高先生这是第一次来实体店，想感受一下普洱茶交易的真实性与氛围。最后，他在大观的平台下单了一饼大益的兔饼。

2020年7月26日晚上，陈泽丰、彭晓峰等我们几个人在大观茶博园老店一起聊天，阿宣也在。彭晓峰评价老马："到处取经，文化水平好，做事用心，对朋友也很用心，还比较努力。"

彭晓峰对阿宣说："你跟着老马都赚不到钱的话，那就是你的问题了。老马愿意（跟别人）分享很多东西，不会遮遮掩掩，聊天当中就能学到新东西，很愉快；有些人遮遮掩掩，聊天不愉快。"

阿宣说："老马带领方向，情商很高。"

老马说："大家可以一起交流的啊，哪怕（你）不一定从我这里买（茶），你去市场里其他家买，那也无所谓，也是好事情。"

彭晓峰说："以前做生意，坏的商家是把坏的茶卖给你，老是被套，好的商家是分享好的信息、给出好的建议。现在好了很多，老马始终属于好的商家，但老马现在太忙，事业做大了。"

彭晓峰评价陈泽丰："（他是）芳村茶叶市场里比较帅的一款中年男人，比较平易近人，很有魅力；来芳村的时间比较长，是我的前辈。"

陈泽丰马上说："你这样形容还带分类？！我是熟茶里最好卖的春秋。我不敢做普洱茶版块的帅哥，只敢做一小块领域的帅哥。"

大家都笑，陈泽丰所说的"只敢做一小块领域的帅哥"，就是回复彭晓峰所说的"比较帅的一款中年男人"——比较帅的男人就好了，何必还要加一个前缀"中年"。

不过话音刚落，陈泽丰接着说："其实休息比工作还累。"

彭晓峰继续说："不去猜测将来做什么、怎么做、赚多少钱。我的优点是努力、肯付出，但缺点是情商不高。"

估计是聊开了，所以氛围轻松了许多，彭晓峰又问："是什么让你这么一直有活力、保持这么年轻的状态？"

陈泽丰说："喝春秋，喝最贵的春秋。"（当时春秋的价格在高位）

2020 年 11 月，我再找到陈泽丰时，他说不喝春秋了，因为当时春秋的价格已经跌了很多，已经不是最贵的熟茶了。

涨与跌，在芳村都是平常事，需要一颗平常心看待。何况，涨与跌早已进化到分与秒。2020 年 11 月 20 日，在采访杨益一时，他说："现在芳村的行情，平台指数只是一个大概，市场已经像手表一样精准，能精准到秒。这对平台，对我们来说是一个很大的挑战，但也是机遇，我们需要适应市场的变化。"

总体来说，交易平台顺应了普洱茶交易市场发展的需求，符合消费市场、收藏市场与投资资本的要求，是多方诉求的交集。对接于交易平台，目前来看，还算不上是一次完美的对接，因为制度上还有一些缺陷，加上实际履行时可能遇到的问题，即市场主体优劣并存（所谓的"劣"，即口碑不好者，占少数，但终究存在）所带来的负面影响，甚至是信任危机，所以无法称得上完美，但仍然是目前最合适的对接，至少当下你找不到比交易平台更好的载体来满足多方的诉求。

2021 年 5 月 11 日，我在微信上与程静交流芳村普洱茶交易这个话题时，她认为交易平台作为第三方平台，在一定程度上保障了交易双方在交易过程中资金的安全问题。不断完善的交易机制、简单灵活的操作手法以及直观可见的投资收益与亏损，吸引了逐利的资本涌入市场，很多投资者以及投机者在充分的博弈市场中获取差价、承担损失或享受长期持有的投资回报，为芳村交易市场及其交易量逐年大幅增长打开了无限发展的空间，为茶商、茶客与投资客等各路人马方便交易提供了便捷的条件，有利于做大普洱茶交易这个市场。

只要公开、充分竞争，市场与资本就会推动平台的不断进化，使之更快、更优、更安全，以符合市场与资本的要求，这样也就会逼迫平台不断改进机制，以此提升自己的竞争力与美誉度。所以，芳村的交易平台会一直处于动态的竞争，区别就是各家各有所长，并可能在这份"所长"中突破、升级，且引领行业未来。

市场的需求与资本的要求，汇聚于

交易平台，更多的平台如雨后春笋般破土而出，这里有老马的事业，有邓先生的投资、高先生的消费，也有更多传统店铺转型为交易平台、新零售店、茶空间的新机会。

茶博会上的大益展台。杨春／摄